Liderança
e bem-estar
interpessoal
nas comunidades
religiosas

COLEÇÃO
LIDERANÇA
E VIDA CONSAGRADA

Autores:

GIAN FRANCO POLI é presbítero da diocese de Albano Laziale, teólogo, filósofo e psicoterapeuta. Professor de Teologia Dogmática no Ateneu Pontifício Regina Apostolorum e na Pontifícia Universidade da Santa Cruz (ISSR, em Apollinare). Leciona Teologia no Instituto de Teologia da Vida Consagrada Claretianum, da Pontifícia Universidade Lateranense. É formador para a dinâmica da vida consagrada e presbiteral. Dirige a revista *La Lode*, da Casa Editora Cassiopea (Pisa).

GIUSEPPE CREA é missionário comboniano, psicólogo e psicoterapeuta. Professor convidado na Pontifícia Universidade Salesiana para as cátedras de Psicologia da Personalidade e Técnicas dos Testes, bem como de Psicologia Transcultural no Instituto de Teologia da Vida Consagrada Claretianum, da Pontifícia Universidade Lateranense.

VINCENZO COMODO é leigo, doutor em Sociologia e em Ciências da Comunicação. Professor de Internet e Vida Consagrada no Instituto de Teologia da Vida Consagrada Claretianum, da Pontifícia Universidade Lateranense. Conduz atividades de pesquisa no campo da comunicação.

Títulos:

✓ *Estilos de liderança e vida consagrada*

✓ *Guia eficaz para reuniões de comunidades*

✓ *Liderança e bem-estar interpessoal nas comunidades religiosas*

✓ *Liderança e comunicação na vida consagrada*

✓ *O desafio da organização nas comunidades religiosas*

Liderança
e bem-estar
interpessoal
nas comunidades
religiosas

Gian Franco Poli
Giuseppe Crea
Vincenzo Comodo

Dados Internacionais de Catalogação na Publicação (CIP)
(Câmara Brasileira do Livro, SP, Brasil)

Poli, Gian Franco
    Liderança e bem-estar interpessoal nas comunidades religiosas / Gian Franco Poli, Giuseppe Crea, Vincenzo Comodo ; [tradução José Antenor Velho]. — São Paulo : Paulinas, 2008. — (Coleção liderança e vida consagrada).

Título original: Leadership e benessere interpersonale nelle comunità religiose
    Bibliografia.
    ISBN 978-85-356-2232-4
    ISBN 88-8075-189-1 (ed. original)

    1. Comunidades religiosas   2. Liderança – Aspectos religiosos   3. Liderança comunitária   4. Liderança cristã   5. Relações interpessoais   I. Crea, Giuseppe. II. Comodo, Vincenzo.   III. Título.   IV. Série.

08-01578   CDD-248.894

Índices para catálogo sistemático:

1. Comunidades religiosas : Liderança e bem-estar interpessoal : Cristianismo   248.894
2. Liderança e bem-estar interpessoal : Comunidades religiosas : Cristianismo   248.894

Título original da obra: *Leadership e benessere interpersonale nelle comunità religiose*
© 2003 – Libreria Editrice Rogate – Via dei Rogazionisti, 8 – 00182 Roma.

Direção-geral:	*Flávia Reginatto*
Editora responsável:	*Vera Ivanise Bombonatto*
Tradução:	*José Antenor Velho, sdb*
Copidesque:	*Cirano Dias Pelin*
	Maria Teresa Voltarelli
Coordenação de revisão:	*Marina Mendonça*
Revisão:	*Jaci Dantas*
Direção de arte:	*Irma Cipriani*
Gerente de produção:	*Felício Calegaro Neto*
Capa e projeto gráfico:	*Wilson Teodoro Garcia*
Foto de capa:	*Sergia Ballini*

Nenhuma parte desta obra poderá ser reproduzida ou transmitida por qualquer forma e/ou quaisquer meios (eletrônico ou mecânico, incluindo fotocópia e gravação) ou arquivada em qualquer sistema ou banco de dados sem permissão escrita da Editora. Direitos reservados.

Paulinas

Rua Pedro de Toledo, 164
04039-000 – São Paulo – SP (Brasil)
Tel.: (11) 2125-3549 – Fax: (11) 2125-3548
http://www.paulinas.org.br – editora@paulinas.com.br
Telemarketing e SAC: 0800-7010081

© Pia Sociedade Filhas de São Paulo – São Paulo, 2008

Sumário

INTRODUÇÃO 9

I
VÓS SOIS TODOS IRMÃOS E IRMÃS...
A SERVIÇO DO REINO DE DEUS
ENTRE BEM-ESTAR E MAL-ESTAR

Gian Franco Poli

Definir "o viver em comum" a serviço do
Reino de Deus 16

O Reino de Deus: ponto forte da vida em comum 20

O Reino de Deus: ponto de conversão
da vida em comum 25

Governar o bem-estar e o mal-estar, em vista do
Reino de Deus 28

    Um bem-estar consagrado ao Reino de Deus 30

    Um mal-estar consagrado a ser relido com serenidade 32

    Inquietações e incerteza do futuro: os desafios 36

Acompanhar pessoas vivazes, com vocações diferentes e
complementares a serviço do Reino de Deus 40

    Celebrando a vida 43

    Vivendo por vocação 49

    Sendo diversos: uma graça e um dom 54

    Tornando-se iguais: uma tarefa 58

Conclusão 62

2
LIDERANÇA E GESTÃO DOS RECURSOS HUMANOS

Giuseppe Crea

Algumas condições ponderadas da relação
de autoridade 68

Atenção à "situação" 70

A riqueza da alteridade e das diferenças recíprocas 72

Da pluralidade das situações comunitárias
à gestão dos recursos 77

Captar as tensões presentes entre hostilidade
e competição 80

Alguns tipos de conflitos comunitários 83

O porquê dos conflitos nos contextos comunitários 89

O estresse dos superiores: quando o líder
não agüenta mais 91

O superior em "curto-circuito" 93

Algumas condições de *burnout* 95

Para uma gestão colaborativa do conflito e das situações
interpessoais difíceis 97

Como o superior pode tornar produtivas as
dificuldades relacionais 98

O superior mediador de recursos 100

3
O LÍDER RELIGIOSO COMO TREINADOR

Vincenzo Comodo

A organização religiosa como um time 109
Treinamento e vida consagrada 116
Algumas características de um time de sucesso 125
O clima 126
O moral 128
A motivação 129
O "valor" da partilha 130
Sobre a instalação de um *software* de *sharing* cultural
e experimental no Instituto 132
Comunidade religiosa e comunidade virtual 135
Aplicações "internas" 137

BIBLIOGRAFIA 141

Introdução

A temática deste livro é certamente crucial no contexto organizativo e funcional da liderança nas comunidades religiosas, particularmente quanto à avaliação dos recursos humanos e à gestão das situações difíceis que, por vezes, se apresentam.

O texto quer oferecer um quadro metodológico do acesso à gestão dos recursos que as pessoas tem, levando em consideração diversos aspectos em nível teológico, psicológico e sociológico.

Na vertente da teologia da vida consagrada, os faróis da atenção serão dirigidos para uma definição basilar: o bem-estar não é algo que acompanha as modas ou atende a um apelo legítimo; é um dom recebido que deve ser compartilhado, um talento que deve ser frutificado. De fato, na revelação divina, a tensão salvífica emerge continuamente sobre a humanidade como opção preferencial, só contrastada pelo pecado.

Feita essa distinção, será importante refletir, na perspectiva da teologia do bem-estar, sobre a parábola do semeador, como sólido ponto ao qual os religiosos e as religiosas podem se referir para valorizar uma vida colocada a serviço do Reino de Deus, mediante um bem-estar consagrado. Faz-se sempre mais evidente a urgência de opor o mal-estar das comunidades à força das bem-aventuranças, com comunidades capazes de atestar o valor da unidade sobre outros valores, de sempre recomeçar, na força de um chamado a seguir Aquele que não temeu carregar a cruz e a ela conferiu um valor de "bem" para todos. Para elevar a qualidade dos relacionamentos comunitários e melhorar a qualidade do trabalho apostólico, nenhum percurso pode excluir o esforço. A energia de perceber, no trabalho paciente e constante, um hino à vida pode ser a condição para afirmar que a consagração não só entra na vida, mas se torna especificidade, por meio da aposta da esperança, como combustível para uma existência consagrada de sabor redentor.

Do ponto de vista eminentemente psicológico, além de conjugar organizações teóricas diferenciadas, na tentativa de dar-lhes uma integração orgânica, este volume quer sublinhar a importância dos sistemas de avaliação dos recursos, para promover uma autêntica fraternidade. A contribuição tem o caráter de uma participação teórica, mas também operativa para o confronto e a reflexão crítica do argumento.

A avaliação das diversas situações comunitárias, na perspectiva proposta, não se configura como juízo formalizado sendo um fim em si mesmo, mas como momento fundamental de uma estratégia de gestão que tende a privilegiar o desenvolvimento dos recursos dos irmãos e das irmãs, a partir da consciência de que toda diferença de caráter ou de comportamento pode ser uma ocasião para redescobrir os muitos dons presentes na vida comum.

O pressuposto do qual se parte é que, no contexto da comunidade religiosa, o superior se torna líder, na medida em que se deixa interpelar pelas diversas instâncias presentes no grupo. A tese não exclui a existência de características pessoais que possam favorecer o surgimento da liderança, mas, definitivamente, ela deriva de uma capacidade particular de capitalizar sobre a experiência.

O que diferencia uma liderança atenta aos recursos e às situações da vivência comunitária é fundamentalmente referido às seguintes ordens de "aptidões": a atenção às situações, isto é, a capacidade de perceber as diferenças emergentes no grupo, assumindo uma atitude de acolhida das diversas expectativas do grupo; a gestão dos relacionamentos interpessoais, ou seja, a capacidade de negociação, de colaboração com as pessoas, de gestão e solução dos conflitos, de compreensão da perspectiva do outro, a capacidade de motivar os outros a colaborarem; os valores, isto é, a capacidade de prestar atenção aos aspectos humanos da gestão dos recursos, de reconhecer os próprios limites, de interpretar e promover a dimensão valorativa do relacionamento entre as pessoas; as qualidades pessoais, ou seja, a capacidade de confiar em si mesmo, de confrontar-se eficazmente com as situações ambíguas e as problemáticas estressantes, de perseverar e manter a direção para objetivos comuns e o controle das situações nas dificuldades que se apresentam; a consciência e o equilíbrio pessoal, que se referem à capacidade de harmonizar as exigências da vida pessoal com as da vida comum, de dar o justo peso às próprias preferências, às próprias metas, às próprias fraquezas, de reconhecer e acolher as oportunidades presentes nos outros.

É, substancialmente, a experiência que ressaltará a importância dessas capacidades, para os diferentes degraus do serviço da autoridade. E será, fundamentalmente, a partir das lições da experiência que essas capacidades serão percebidas, postas à prova e aperfeiçoadas. Enquanto nos primeiros níveis da liderança são quase sempre importantes a habilidade de escuta e de consciência e a capacidade de coesão e de negociação, nos níveis mais elevados são sobretudo importantes as capacidades de visão, de estratégia, de delegação, de confiança nas outras pessoas, de motivação e desenvolvimento por parte dos membros da comunidade, a capacidade de manter e desenvolver relacionamentos, em diversos níveis, na organização e com o ambiente no qual a organização comunitária está situada e atua.

A própria experiência vai apontando os erros a evitar e as características pessoais que estão em contraste com o correto exercício da liderança. Sobrecarregar-se de trabalho, pensar em curto prazo, negligenciar a importância do grupo, não querer delegar e errar na escolha dos colaboradores são alguns dos enganos de maiores conseqüências para o equilíbrio e a "validade" de um líder.

Exercer uma liderança eficaz, portanto, não é uma tarefa simples, sobretudo em nossos dias. Trata-se de uma questão delicadíssima à qual a pessoa que conduz uma comunidade não pode deixar de prestar uma atenção cuidadosa e diligente. Para alcançar tal objetivo, porém, é mais do que oportuno destacar também as mudanças sócio-antropológicas em curso de modo vertiginoso. E é mais do que necessário registrar — devido aos *nossos* interesses peculiares — especialmente a mudança "em curso", tanto em nível global como no plano organizacional. Em resumo, trata-se de verificar e de "assumir" todas as transformações sociais e culturais que modificam a ordem de uma organização e redesenham o seu sistema relacional, interno e externo. Trata-se de considerar como os novos recursos tecnológicos, particularmente a Internet, se apresentam às Congregações, como outras ocasiões de conhecimento, de comunicação e de crescimento organizativo. Obviamente, é ainda necessário captar também as principais incidências que essas metamorfoses determinam na condução de uma organização religiosa, a fim de enfrentar, com maior preparação, os desafios que, hoje, se apresentam à vida consagrada. É o que, sumariamente, iremos observar, a partir da colaboração analítica sociológica.

Contudo, para ressaltar mais a complexidade do cenário pós-moderno, para perceber melhor o conflito global — mais do que mundial — entre as organizações, para melhor frisar as acrescidas dificuldades na interpretação e no desempenho das atividades de superior, propor-se-á o exame do papel do líder em relação ao modelo do treinamento. Mais explicitamente, confrontar-se-á a experiência do líder com a de um treinador, de modo que se possa entender a organização como um time. A intenção é fazer ressaltar quão decisivos são, também numa organização sobretudo religiosa, os valores de conjunto, de coesão, de respeito das funções, de harmonia, de clima, de motivação, de moral elevada, como em um time. Essas condições são absolutamente indispensáveis para se alcançar os sucessos sempre mais essenciais nas competições interorganizativas, nas quais o sentido olímpico da participação é muito fraco e globalmente datado. Baseados nessa exigência, portanto, é fácil explicar que liderança eficaz significa também liderança "vencedora", significa também liderança envolvente, que valoriza as qualidades de todos para o serviço de todos, segundo a unidade de intentos, para se realizar um projeto comum. "Na prática", isso quer dizer colocar-se no jogo, todos, integralmente, a começar pelo líder.

É o convite que este livro faz aos superiores e superioras de comunidades, com a certeza de que, trabalhando pelo bem dos irmãos e das irmãs que lhe são confiados, redescobrirão os muitos dons que esses religiosos possuem. Sobretudo, redescobrirão o grande dom da vida comum.

1

Vós sois todos irmãos e irmãs... *a serviço* do Reino de Deus *entre* bem-estar e mal-estar

Gian Franco Poli

O conceito de liderança oferece a oportunidade de ler as dinâmicas humanas das comunidades religiosas em uma perspectiva evolutiva.

Nossa intenção, portanto, não é encarar algumas problemáticas da vida fraterna — engrandecendo, desacreditando ou, simplesmente, reportando as fontes mais expressivas da Escritura ou do Magistério — mas descobrir alguns pontos nodais para um futuro diferente da vida das comunidades religiosas.

A convicção de que todo religioso e toda religiosa possui muitos talentos, e que o chamado a esse tipo de vida leva inevitavelmente a trabalhar em comum, a projetar e gerir as atividades sem delegações e fugas, determinou que o âmbito eclesial não pudesse ser privado da contribuição de vida, de idéias e de santidade dos religiosos e das religiosas.

É essa a razão do título desta reflexão: "Vós sois todos irmãos e irmãs... a serviço do Reino de Deus, entre bem-estar e mal-estar". A moldura da intervenção é a de Mt 23,8: "Vós sois todos irmãos", para recordar qual é a principal tarefa de uma comunidade religiosa dentro da comunidade eclesial.

A visibilidade da vida dos consagrados e das consagradas inspira-se no *Reino de Deus* como motor gerador de energias para as diferentes atividades apostólicas, mas, sobretudo, como base fundante da vida fraterna. Antes de desenvolver outras projeções, não se pode fugir à lógica evangélica do *Reino de Deus,* não se deve esquecer jamais que os carismas de fundação estão ao seu serviço.

Nesta seção, daremos algumas indicações sobre o modelo de ler o *bem-estar* e o *mal-estar* das comunidades, hoje. Não como boletim de guerra, mas como plataforma para analisar os problemas, com a ousadia de oferecer algumas estratégias.

Os três verbos *definir, governar* e *acompanhar*, do ponto de vista da liderança, representam os pontos fortes para ousar; e para crer que nem tudo é impossível nas comunidades religiosas; que é impensável render-se, mas que uma ótima fusão entre animação e formação pode permitir entrever o arco-íris dos inúmeros carismas; que as comunidades religiosas atestam o infinito amor de Deus por suas criaturas, graças ao trabalho paciente e tenaz dos religiosos e das religiosas, no esforço de serem irmãos e irmãs.

Definir "o viver em comum" a serviço do Reino de Deus

"Coisas novas estão surgindo" (Is 43,19). Essas palavras contêm a orientação que deve guiar os religiosos e as religiosas do terceiro milênio e que remete às palavras esclarecedoras de João Paulo II, na Carta Apostólica *Ecclesia in Europa* [EE]:

> Num meio contaminado pelo secularismo e dominado pelo consumismo, a vida consagrada, dom do Espírito Santo à Igreja e pela

Igreja, torna-se sinal de esperança, na medida em que testemunha a dimensão transcendente da existência. Por outro lado, na situação pluricultural e plurirreligiosa de hoje, urge o testemunho da fraternidade evangélica que caracteriza a vida consagrada, fazendo dela um estímulo para a purificação e a integração de valores diversos, mediante a superação dos contrastes (n. 38).

É impensável uma vida consagrada que se preocupa tão-somente em gerir os inúmeros problemas "internos", em avaliar-se. Por isso, as palavras de Isaías e do Santo Padre convidam a qualificar o "testemunho da fraternidade evangélica" em sentido dinâmico e perspectivo, recuperando a antiga vocação de "estímulo", própria da vida consagrada.

Como o anúncio de Jesus Ressuscitado foi o principal objeto da pregação dos apóstolos, assim também o anúncio do *Reino de Deus* deve ser o horizonte de fé dos que, "consagrados a Cristo e ao serviço de seu Reino, testemunharam a fidelidade do seguimento até a cruz" (Instrução *Partir de Cristo,* n. 9), pois escolheram gastar a vida "pelo Reino de Deus e pelo bem de multidões tão carentes quanto abandonadas" (n. 10). Esta prioridade pelo *Reino de Deus* emerge visivelmente nas duas seguintes afirmações do Magistério:

Os religiosos devem considerar atentamente que por seu intermédio a Igreja quer mostrar melhor o Cristo, tanto aos fiéis como aos não-cristãos. Às vezes, entregue à contemplação na montanha, outras, anunciando o Reino de Deus em meio às multidões. Às vezes, curando os doentes e os feridos, outras, convertendo os pecadores a uma vida melhor. Abençoando as crianças e fazendo o bem a todos. Numa palavra, cumprindo a vontade do Pai, que o enviou na obediência (Constituição Dogmática *Lumen Gentium* [LG], n. 46).

A presença de comunidades religiosas que, num processo de conversão, passam para uma vida fraterna em que a pessoa se coloca à disposição dos irmãos, ou nas quais o "grupo" promove a pessoa, é um sinal da força transformadora do Evangelho e do advento do Reino de Deus (Instrução *A vida fraterna em comunidade*, n. 42).

A tensão pelo Reino de Deus esteve no centro do XXI Capítulo Geral das Filhas de Maria Auxiliadora. E não só no título, "Na renovada Aliança", nota-se o empenho de uma cidadania ativa, mas, sobretudo, em algumas conclusões capitulares:

> É justamente agora o tempo de "reavivar o fogo" para repetir em todas as línguas o que nos foi dado compreender e compartilhar de maneira nova.[1]

> Assumimos, com responsabilidade e consciência, a missão que a Igreja confia às comunidades de vida consagrada, ou seja, incrementar a espiritualidade de comunhão em nossos ambientes educativos, na própria comunidade eclesial e também além de seus limites, "abrindo ou reabrindo constantemente o diálogo da caridade, sobretudo lá onde o mundo de hoje está dilacerado pelo ódio étnico e por loucuras homicidas". Esta missão exige pessoas espirituais forjadas interiormente pelo Deus da comunhão amorável e misericordiosa, e comunidades maduras onde a espiritualidade de comunhão é lei de vida.[2]

> O nosso tempo é complexo e cheio de contrastes, atravessado por fenômenos que definem a mudança epocal [...]. As situações de desequilíbrio ambiental, de globalização do mercado e dos recursos, a concorrência e o enfraquecimento das economias nacionais mais frágeis, a separação crescente entre países ricos e pobres, e o surgimento de novas formas de empobrecimento econômico e de abuso dos menores são grandes desafios com os quais nos confrontamos quotidianamente.[3]

---

[1] FILHAS DE MARIA AUXILIADORA. *Em comunhão pelas estradas da cidadania evangélica*. Atos do Capítulo Geral XXI, 16 de setembro – 6 de novembro de 2002. Roma, Instituto das Filhas de Maria Auxiliadora, 2002. p. 17.

[2] Ibid., pp. 23-24.

[3] Ibid., p. 25.

Um quadro parcial, mas suficiente, para estimular a inventiva e a criatividade, para reencontrar as razões profundas de uma vida "entregue" a Deus[4] e "votada"[5] ao serviço do *Reino de Deus*. São ainda as Filhas de Maria Auxiliadora a darem outros elementos para o nosso exame:

> Sentimos imperiosa a necessidade de retornar às raízes carismáticas para nos apropriar novamente do Espírito de família e transformar as nossas comunidades em casas onde ninguém seja estranho, onde a comunhão revele a acolhida, a simplicidade, as relações humanitárias, a partilha de fé. Casas na medida das jovens e dos jovens, onde os sonhos de justiça e de paz e a projeção para um futuro aberto à esperança ecoem no coração de educadoras e educadores empenhados não apenas *para*, mas *com* eles, em familiaridade e clareza de ideais.[6]

Não se trata de sonhos, mas de uma rede de caminhos que chamam em causa os religiosos e as religiosas, dispostos a aceitarem o desafio de definir *o viver juntos pelo Reino de Deus*. A esse propósito, a Exortação Apostólica *Vita Consecrata* [VC] afirma:

> O fundamento evangélico da vida consagrada há de ser procurado naquela relação especial que Jesus, durante a sua existência terrena, estabeleceu com alguns dos seus discípulos, convidando-os não só a acolherem o Reino de Deus na sua vida, mas também a colocarem a própria existência ao serviço desta causa, deixando tudo e imitando mais de perto a sua forma de vida (n. 14).

A comunidade religiosa não pode subestimar que o Filho de Deus foi o "supremo consagrado e missionário do Pai para

---

[4] Cf. Instrução *Partir de Cristo*, nn. 11, 13.

[5] Cf. *Partir de Cristo*, n. 8.

[6] FILHAS DE MARIA AUXILIADORA. *Em comunhão pelas estradas da cidadania evangélica*, op. cit., p. 28.

o seu Reino" (VC, n. 22). Mais adiante, o mesmo documento recorda que:

> na verdade, a vocação recebida pelas pessoas consagradas para procurarem acima de tudo o Reino de Deus é, antes de mais nada, um chamado à conversão plena, renunciando a si próprias para viverem totalmente do Senhor, a fim de que Deus seja tudo em todos. Chamados a contemplar e a testemunhar o rosto transfigurado de Cristo, os consagrados são chamados também a uma existência "transfigurada" (n. 35).

Uma nova consideração do *Reino de Deus* poderia favorecer, entre as famílias religiosas, a busca de estratégias para superar o risco de deixar prevalecer o *fazer* sobre o *ser,* a funcionalidade das *obras* sobre as *pessoas,* a *organização* sobre as *relações.* A ótica do *Reino de Deus* poderia ajudar a reler a diminuição de vocações, o aumento da idade média dos membros, os recursos a oferecer aos processos de revitalização e reestruturação das obras atuais, para se poder continuar a dar respostas apostólicas significativas.[7]

O Reino de Deus: ponto forte da vida em comum

O Deus do Antigo Testamento define-se como aquele que põe em movimento o caminhar da história, segundo a palavra originária que ele dirige a Abraão: "Sai da tua terra para a terra que eu vou te indicar. [...] Abençoarei os que te abençoarem e amaldiçoarei os que te amaldiçoarem. Em ti serão abençoadas todas as famílias da terra" (Gn 12,1-3).

A mesma palavra de Deus tira o ser humano do passado, do seu vínculo sagrado com a terra, pondo-o no caminho para o

---

[7] Ibid.

futuro da sua verdadeira humanidade, que se define em termos de bênção universal.[8]

Deus retorna aos seres humanos para começar uma história de amor e de plenitude em meio às ruínas do passado; a irrupção de Deus é a forma de amor que ele coloca em cada ação, é a força[9] que ele oferece à humanidade, como instrumento indispensável

---

[8] Cf. Dt 10,11; Dt 1,31; Js 18,3; Tb 5,18; Lc 9,4; 1Ts 3,11.

[9] Transcrevemos alguns textos significativos: "Minha *força* e meu canto é o Senhor; ele foi para mim a salvação. Ele é meu Deus, eu o glorificarei; o Deus de meu pai, eu o exaltarei!" (Ex 15,2). "Guiaste com amor o povo que resgataste, conduziste-o com *força* à tua morada santa" (Ex 15,13). "Lembra-te que é o Senhor teu Deus que te dá *força* para prosperares, cumprindo a aliança que jurou a teus pais, como o faz hoje" (Dt 8,18). "Deus, que me cinge de *força* e que faz plano o meu caminho" (2Sm 22,33). "Procurai conhecer o Senhor e sua *força*, procurai sua face sem cessar" (1Cr 16,11). "Tua é a riqueza e a prosperidade, tu dominas sobre tudo, em tua mão está a *força* e o poder; por tua mão tudo se torna grande e forte". (1Cr 29,12). Ele disse: "Senhor Deus de nossos pais, tu és Deus no céu e governas todos os reinos dos povos. A ti pertencem a *força* e o poder e ninguém te pode resistir" (2Cr 20,6). "Com toda a tua *força* teme a Deus e respeita seus sacerdotes" (Eclo 7,30). "Aprende, pois, onde está o saber viver, onde está a *força*, onde a inteligência, para saber também onde está a vida longa e a saúde, onde a luz dos olhos, onde a paz!" (Br 3,14). "Aquele que vem estará de pé para governar com a *força* do Senhor, com o esplendor do nome do Senhor seu Deus. E estarão acomodados, porque agora ele é grande até os limites do país" (Mq 5,3). "O Senhor Deus é minha *força*, ele me dá pés ligeiros como os da gazela e me conduz para minhas alturas" (Hab 3,19). "Eis o Deus que me salva, eu confio e nada temo! O Senhor é minha *força* e meu alegre canto. O Senhor é a minha salvação" (Is 12,2). "Mas os que esperam no Senhor renovam suas *forças*, criam asas como águias, correm e não se afadigam, andam, andam e nunca se cansam" (Is 40,31). "É ele que dá ânimo ao cansado, recupera as *forças* do enfraquecido" (Is 40,29). "Amarás o Senhor, teu Deus, de todo o teu coração, com toda a tua alma, com todo o teu entendimento e com toda a tua *força*" (Mc 12,30). "Mas recebereis a *força* do Espírito Santo que virá sobre vós, para serdes minhas testemunhas em Jerusalém, por toda a Judéia e Samaria, e até os confins da Terra" (At 1,8). "A multidão toda tentava tocar nele, porque dele saía uma *força* que curava a todos" (Lc 6,19). [Grifos do autor.]

para o caminho cotidiano, com o intento preciso de envolvê-lo na obra de salvação.[10]

Também as palavras e a experiência do Batista (Mt 3,1-12) têm uma ligação estreita com a vida consagrada, um fio direto com a paixão pelo *Reino de Deus*[11]. Ontem e hoje, homens e mulheres deixam "tudo" para serem uma comunidade escatológica que se põe a serviço dos irmãos e das irmãs.

---

[10] Ezequiel exprime a idéia de que cada membro do povo recebe um espírito de vida; é presságio do envolvimento na obra divina: "A mão do Senhor estava sobre mim, e o Senhor me levou em espírito para fora e me deixou no meio de uma planície repleta de ossos. Fez-me circular no meio dos ossos em todas as direções. Vi que havia muitíssimos ossos sobre a planície e estavam bem ressequidos. Ele me perguntou: 'Filho do Homem, estes ossos poderão reviver?'. E eu respondi: 'Senhor Deus, és tu que sabes!'. E ele me disse: 'Profetiza sobre estes ossos e dize-lhes: Ossos ressequidos, ouvi a palavra do Senhor! Assim diz o Senhor Deus a estes ossos: Vou infundir-vos, eu mesmo, um espírito para que revivais. Eu vos darei nervos, farei crescer carne e estenderei por cima a pele. Porei em vós um espírito para que revivais. Então sabereis que eu sou o Senhor'. Profetizei conforme me fora ordenado. Enquanto eu profetizava, ouviu-se primeiro um rumor, e logo um estrondo, quando os ossos se aproximaram uns dos outros. Eu olhei e vi nervos e carne crescendo sobre eles e, por cima, a pele que se estendia. Mas faltava-lhes o sopro de vida. Ele me disse: 'Profetiza para o espírito, profetiza, filho do homem! Dirás ao espírito: Assim diz o senhor Deus: Vem, ó espírito, dos quatro ventos, soprar sobre estes mortos para que eles possam reviver!'. Profetizei conforme me fora ordenado, e o espírito entrou neles. Eles reviveram e se puseram de pé qual imenso exército" (37,1-10).

[11] Interessante a reflexão de Xabier Pikasa Ibarrondo: "Por isso, João Batista e seus amigos, religiosos solitários, refugiados no árido deserto, concebiam a vida como preparação para a morte: retiravam-se do mundo e, pelas margens do Jordão, diante da água do grande rio das velhas esperanças, anunciavam a ruína e a derrota da história. Não havia outra saída senão colocar-se nas mãos do Deus justiceiro, esperando, assim, o fim de todo o mundo. Pois bem, contra isso, Jesus começou a proclamar a Boa-Nova, a notícia da vida de Deus que irrompe e transforma a nossa antiga vida, fazendo-nos nascer para a verdadeira existência. Por isso, Jesus deixa o deserto e começa a caminhar, anunciando e dando a vida, pelas cidades, pelas estradas e pelos campos da sua terra, na Galiléia" (*Regno di Dio. In: Dizionario Teologico della Vita Consacrata*. Organizado por Goffi, T. & Palazzini, A. Milano, Àncora, 1994. p. 1.485).

A esse respeito revelam-se precisas as palavras da Instrução *Partir de Cristo*, referindo-se especificamente às pessoas consagradas: "Elas, de fato, 'chamadas a colocarem a própria existência a serviço da causa do Reino de Deus, deixando tudo e imitando mais de perto a forma de vida de Jesus Cristo, assumem um papel eminentemente pedagógico para todo o Povo de Deus'" (n. 1).[12]

---

[12] Em outras partes da Instrução faz-se referência explícita ao "Reino de Deus": "O zelo pela instauração do *Reino de Deus* e pela salvação dos irmãos vem, assim, a constituir a melhor prova de uma doação autenticamente vivida pelas pessoas consagradas [...]. As situações difíceis exigiram de não poucas entre elas a extrema prova de amor em genuína fidelidade ao *Reino*" (n. 9). "E é o mesmo Espírito que irradia o esplendor do mistério sobre toda a existência, gasta pelo *Reino de Deus* e pelo bem de multidões tão carentes quanto abandonadas" (n. 10). "A vida consagrada não procura louvores nem apreços humanos, ela é recompensada pela alegria de continuar a trabalhar operosamente a serviço do *Reino de Deus*, para ser germe de vida que cresce em segredo, sem esperar outra recompensa não ser a que o Pai, no fim, nos dará (Cf. Mt 6, 6)" (n. 13). "Nela, todos os ministérios e carismas exprimem a sua reciprocidade e realizam juntos a comunhão no único Espírito de Cristo e a multiplicidade das suas manifestações. A presença ativa das pessoas consagradas ajudará as comunidades cristãs a se tornarem *laboratórios da fé*, lugares de busca, de reflexão e de encontro, de comunhão e de serviço apostólico, nos quais todos se sintam partícipes, na edificação do *Reino de Deus* em meio aos homens" (n. 16). "A pastoral das vocações pede que se desenvolvam novas e mais profundas capacidades de encontro, que se ofereçam, com o testemunho da vida, itinerários característicos de seguimento de Cristo e de santidade, e que se anunciem, com força e clareza, a liberdade que brota de uma vida pobre, a qual tem o *Reino de Deus* como único tesouro; a profundidade do amor de uma existência casta, que quer chegar a ter um só coração: o de Cristo, e a força de santificação e renovação contida numa vida obediente, cujo único horizonte é o de cumprir a vontade de Deus para a salvação do mundo" (n. 17). "Tal novidade interior, inteiramente animada pela força do Espírito e orientada em direção ao Pai na busca do seu *Reino*, consentirá às pessoas consagradas partir de Cristo e ser testemunhas do seu amor" (n. 20). "Sim, deve-se partir de Cristo, porque dele partiram os primeiros discípulos na Galiléia, dele, ao longo da história da Igreja, partiram homens e mulheres de todas as condições e culturas os quais, consagrados pelo Espírito à força do chamado recebido, por ele deixaram família e pátria, seguindo-o incondicionalmente, tornando-se disponíveis para o anúncio do Reino e para fazer o bem a todos (Cf. At 10, 38)" (n. 21). "Quando se parte de Cristo, a espiritualidade de comunhão se torna uma sólida e robusta espiritualidade da ação dos discípulos e apóstolos do seu *Reino*" (n. 34).

Os consagrados e as consagradas, diante das numerosas questões de sentido, em busca de força e de bem-estar sempre mais prementes, não podem perder de vista que o primeiro objetivo é a causa do *Reino de Deus*. Transcende os horizontes cotidianos, orienta o caminho do bem, combatendo escravidões, temores, seguranças. É útil "ver", nessa ótica, como J. M. R. Tillard ajuda a perceber o serviço do *Reino de Deus,* quando afirma que:

> ninguém se torna religioso para trilhar o caminho espaçoso do uso indisciplinado dos bens criados. E nem mesmo para fazer-se escravo de uma lei minuciosa e detalhada que se compraz na multiplicação de deveres e proibições. Como muito acertadamente afirmava Lutero, em sua crítica, não totalmente errada, o caminho estreito do Evangelho não deve ser confundido com o serviço a um código cuja realização produz necessariamente a perfeição do espírito. É, ao contrário, o caminho árduo de uma liberdade sempre vigilante para não se deixar enlear nas redes dos bens passageiros e para poder centrar-se no essencial e na "única coisa necessária". Alguém se faz religioso para entrar decididamente na liberdade do Evangelho, testemunhando, assim, a sua mesma força libertadora. O Espírito do Senhor ressuscitado não suscita vocações melancólicas ou para que voltem ao servilismo da letra; nem mesmo chama para uma vida fácil. O caminho das bem-aventuranças não é nem um caminho espaçoso que convida ao laxismo, nem um beco sem saída entre duas muralhas de normas que sufocam e limitam o horizonte; é, antes, uma vereda que sobe em direção ao ar livre e à montanha, em busca do seu ponto mais elevado.[13]

As considerações de Tillard, de certa forma, fazem eco às palavras de Jesus: "completou-se o tempo, e o Reino de Deus está próximo" (Mc 1,15), convidando os religiosos e as religiosas a recuperarem a dimensão carismática e profética da vida consa-

---

[13] TILLARD, J. *Religiosos, un camino de evangelio.* ITVR, Madrid, 1975. p. 97.

grada. Essa perspectiva é traçada por João Paulo II, em *Ecclesia in Europa,* quando afirma novamente que:

a *contribuição* específica que as pessoas consagradas podem oferecer ao Evangelho da esperança *tem como ponto de partida alguns aspectos que caracterizam a atual fisionomia cultural e social da Europa.* Assim, a busca de novas formas de espiritualidade, que hoje surgem na sociedade, deve encontrar uma resposta no *reconhecimento do primado absoluto de Deus*, vivido pelos consagrados mediante a sua doação total e da conversão permanente duma existência oferecida como verdadeiro culto espiritual. Num meio contaminado pelo secularismo e dominado pelo consumismo, a vida consagrada, dom do Espírito Santo à Igreja e pela Igreja, torna-se sinal de esperança na medida em que testemunha a dimensão transcendente da existência (n. 38).

O Reino de Deus: ponto de conversão da vida em comum

"Na verdade, a vocação recebida pelas pessoas consagradas para procurarem acima de tudo o *Reino de Deus* é, antes de mais nada, um chamado à conversão plena" (VC, n. 35). Individuamos, nessas palavras, a segunda atitude que todo consagrado e consagrada devem definir ao viver pelo *Reino de Deus.*

A expressão "produzi fruto que mostre vossa conversão" (Mt 3,8) representa a chave de leitura para entrar na lógica do *Reino de Deus*, como dedicação, serviço, empenho para "manter viva, de muitos modos, a praxe espiritual entre o povo cristão" (VC, n. 8). A esse propósito, a Instrução *Partir de Cristo* propõe novamente um itinerário cristológico, típico de cada religioso e cada religiosa:

É mister, portanto, aderir sempre mais a Cristo, centro da vida consagrada, e retomar com vigor um caminho de conversão e de renovação que, como na experiência primitiva dos apóstolos, antes e depois da sua ressurreição, foi um partir de Cristo. Sim, deve-se partir de Cristo, porque dele partiram os primeiros discípulos na Galiléia, dele, ao longo da história da Igreja, partiram homens e mulheres de todas as condições e culturas, os quais, consagrados pelo Espírito em força do chamado recebido, por ele deixaram família e pátria, seguindo-o incondicionalmente, tornando-se disponíveis para o anúncio do Reino e para fazer o bem a todos (*Partir de Cristo* n. 21).

O dominicano espanhol Felicíssimo Martínez Díez, profundo conhecedor da vida consagrada, sugere um sereno exame de consciência para traduzir em fatos as intenções do *Reino de Deus*, a partir da vida comunitária, levando em conta que:

> os conflitos nas comunidades não são mais tão dilacerantes como em anos passados. As tensões entre tradicionalistas, conservadores e progressistas, integralistas e radicais foram redimensionadas. Terão, talvez, diminuído as energias? Estarão desaparecendo os ideais e as utopias? Teremos aprendido a coexistir e a conviver? Entramos no caminho do diálogo civilizado ou simplesmente de uma fria tolerância? As tensões permanecem em surdina. Em capítulos e assembléias nem sempre é possível fazer uma análise da realidade, sem nos chocarmos com a sensibilidade de muitos. Por vezes, as pessoas mais observantes são as menos abertas ao diálogo. Quando se trata de idéias, tudo é dogmatizado. Quando se trata de estilos de vida, eles são considerados à luz de uma moral exasperada. Essas pessoas têm uma tendência inata a personalizar todas as análises e todos os juízos. Muitas não são capazes de entender que é possível fazer análises estruturais de fatos e de situações, sem emitir juízos sobre as pessoas. As dificuldades de diálogo têm, aqui, a sua raiz. Todos se sentem prejudicados, responsabilizados e acusados. E, logicamente, [...] se contra-ataca abertamente. A inculpação, enfim, desemboca na paralisia ou na violência.[14]

---

[14] DÍEZ, F. M. *Rifondare la vita religiosa. Vita carismatica e missione profetica.* Milano, Paoline, 2001. p. 47.

É claro que esse esforço não está isento de fadigas e de um confronto contínuo com a realidade. A Instrução *Partir de Cristo* recorda que o religioso ou a religiosa "deverá aprender principalmente a se deixar formar pela vida quotidiana, pela sua própria comunidade, por seus irmãos e irmãs, pelas coisas de sempre, ordinárias e extraordinárias, pela oração, bem como pela fadiga apostólica, na alegria e no sofrimento, até o momento da morte" (n. 15).

No passado, a idéia de que a vida consagrada fosse exclusivamente "oblação e ascese", levou a pensar que os religiosos e as religiosas pudessem assemelhar-se aos anjos do céu. Igualmente, a grandeza de um homem e de uma mulher votados a Deus e aos irmãos era medida pela capacidade de viver na solidão, em não cultivar qualquer forma de fraternidade.

Hoje, porém, "nas dinâmicas comunitárias intensificaram-se as relações pessoais, e também se reforçou o intercâmbio cultural, reconhecido como benéfico e estimulante para as próprias instituições" (*Partir de Cristo*, n. 7); fraternidade "é saber criar espaço para o irmão, carregando os fardos uns dos outros. Sem esta caminhada espiritual, de pouco servirão os instrumentos exteriores da comunhão" (*Partir de Cristo*, n. 29).

Ter como objetivo comum o *Reino de Deus* equivale a percorrer também em comum as estradas da providência, consciente de que o Espírito está próximo, que a graça fortifica, distribuindo a ajuda necessária. O desejo de conversão ao *Reino de Deus*, e aos irmãos e às irmãs, é um contínuo "avançar águas mais profundas" (Lc 5,4), mesmo diante das resistências e dos temores de muitas pessoas. Para curar os males e erros do passado são necessários gestos de paz, de confiança recíproca e de alegria.

O empenho comum pelo *Reino de Deus* não exclui a luta contra todo retrocesso. Por isso, a tentação de voltar atrás é sanada pela presença de Cristo e pela determinação de restaurar todos os espaços vitais.

Governar o bem-estar e o mal-estar, em vista do Reino de Deus

É oportuno insistir nisto: "as pessoas consagradas receberam o chamado, para o bem da Igreja" (*Partir de Cristo*, n. 8), o qual deve ser "gasto pelo Reino de Deus e pelo bem de multidões tão carentes quanto abandonadas" (n. 10), pois por Cristo "deixaram família e pátria, seguindo-o incondicionalmente, tornando-se disponíveis para o anúncio do Reino e para fazer o bem a todos" (n. 21).

A Instrução *Partir de Cristo* une a expressão "bem" à de "Reino de Deus": um conúbio teológico para afirmar que os consagrados e as consagradas são convidados a construir o próprio "bem-estar" justamente sobre as razões que fundamentam o sentido da vida consagrada.[15] O *bem* como o sair de si mesmo para entrar nos interesses divinos. Essa orientação exige uma profunda sensibilidade e a disponibilidade para gerenciar as luzes e as sombras da própria vida consagrada.

Na Sagrada Escritura, o termo *bem-estar* tem diversos significados.[16] Para compreendê-la é determinante observar a expressão:

---

[15] É interessante, a esse respeito, o livro de GILLINI, G. & ZATTONI, M. *Benessere per la missione. Proposte per l'autoformazione di gruppi di presbiteri, di consacrate e di consacrati*. Brescia, Queriniana, 2003.

[16] "E agora, Senhor Deus, surge, vem a teu repouso, tu e a arca do teu poder. Teus sacerdotes, Senhor Deus, se revistam de salvação e teus fiéis se alegrem no *bem-estar*" (2Cr 6,41). "Vivendo em seu reino, no grande *bem-estar* que lhes deste, numa terra extensa e fecunda que à vista deles lhes entregaste, não te serviram e não se converteram do mau procedimento" (Ne 9,35). "Onde está a minha esperança? E o meu *bem-estar*, quem o considera?" (Jó 17,15). "Se ouvirem e obedecerem, completarão seus dias no *bem-estar* e seus anos em delícias" (Jó 36,11). "Os seus caminhos são belos e todas as suas veredas são de *bem-estar*" (Pr 3,17). "Suas obras não ficam inacabadas e o *bem-estar* se difunde sobre a Terra" (Eclo 38,8). "Empenhai-vos pelo *bem-estar* da cidade para onde vos exilei, orai a Deus por ela, pois o *bem-estar* desse lugar será vosso *bem-estar*" (Jr 29,7). "Minha aliança com Levi

"Senhor Deus, reveste-te de salvação e os teus fiéis exultem no *bem-estar*. Senhor Deus, não rejeites o teu consagrado" (2Cr 6,41-42). Feito este breve aparte, passemos a considerar a parábola do *Reino* em Mateus,[17] a qual focaliza a segunda parte do trabalho.

O semeador sai todos os dias para ir às suas terras, com a intenção de lançar as sementes. Um gesto repetitivo, sem saber, com certeza, quais serão os resultados.

O *bem-estar* pode ser comparado à semente que cai seja em "terreno pedregoso" seja em "terreno fértil". Algumas vezes, o *bem-estar* pode cair também em um "terreno pouco fértil" e, conseqüentemente, precisa de muito tempo e de muitos cuidados.

Jesus apresenta uma experiência análoga, na parábola do joio que se encontra em meio ao trigo.[18] Não há só *bem-estar*, mas

---

significava vida e *bem-estar* e era isso o que eu lhe dava. Eu lhe impunha respeito e ele respeitava e honrava o meu nome" (Ml 2,5). "Quem dera tivesses levado a sério as minhas ordens! Teu *bem-estar* seria grande qual um rio, a justiça que receberias, como as ondas do mar" (Is 48,18). "Ele reuniu esses artesãos, juntamente com outros que trabalhavam no ramo, e lhes disse: 'Amigos, sabeis que o nosso *bem-estar* provém dessa nossa atividade'" (At 19,25). [Grifos do autor.]

[17] "O semeador saiu para semear. Enquanto semeava, algumas sementes caíram à beira do caminho, e os pássaros vieram e as comeram. Outras caíram em terreno cheio de pedras, onde não havia muita terra. Logo brotaram, porque a terra não era profunda. Mas, quando o sol saiu, ficaram queimadas e, como não tinham raiz, secaram. Outras caíram no meio dos espinhos, que cresceram, sufocando as sementes. Outras caíram em terra boa e produziram frutos: uma cem, outra sessenta, outra trinta. Quem tem ouvidos, ouça!" Os discípulos aproximaram-se e disseram a Jesus: "Por que lhes falas em parábolas?". Ele respondeu: "Porque a vós foi dado conhecer os mistérios do Reino dos Céus, mas a eles não. Pois a quem tem será dado ainda mais, e terá em abundância; mas a quem não tem será tirado até o que tem" (Mt 13,2-12).

[18] "O Reino dos Céus é como alguém que semeou boa semente no seu campo. Enquanto todos dormiam, veio seu inimigo, semeou joio no meio do trigo e foi embora. Quando o trigo cresceu e as espigas começaram a se formar, apareceu também o joio. Os servos foram procurar o dono e lhe

também *mal-estar*.[19] Também a vida consagrada está exposta a muitos influxos. A parábola quer infundir coragem. O *bem-estar* é comparável à boa semente, que germinará e vencerá o joio *(o mal-estar)*. No fim do mundo, o joio será recolhido e queimado, ao passo que o trigo será depositado no celeiro de Deus.

Nenhum religioso ou religiosa pode perder a coragem. Deus jamais faz as coisas pela metade. A parábola, no entanto, diz alguma coisa a mais: o joio é imagem da sombra, da escuridão, da inimizade presentes nos seres humanos. Eis o grande trabalho de toda família religiosa, se ela quiser realmente direcionar "tudo" para o *Reino de Deus*.

Um bem-estar consagrado ao Reino de Deus

Na Sagrada Escritura, Deus revela sua vontade de fazer o bem às suas criaturas. Exemplo concreto dessa verdade é a expressão: "Os seus caminhos são belos e todas as suas veredas são de paz" (Pr 3,17). Quando se fala de *bem-estar,* afirma-se que Deus quer o "melhor" para cada criatura. Para o religioso ou a religiosa, o *bem-estar* está estritamente relacionado com a opção de consagração. É nessa linha que ousamos falar de um *bem-estar consagrado.*

---

disseram: 'Senhor, não semeaste boa semente no teu campo? Donde veio, então, o joio?'. O dono respondeu: 'Foi algum inimigo que fez isso'. Os servos perguntaram ao dono: 'Queres que vamos retirar o joio?'. 'Não!', disse ele. 'Pode acontecer que, ao retirar o joio, arranqueis também o trigo. Deixai crescer um e outro até a colheita. No momento da colheita, direi aos que cortam o trigo: retirai primeiro o joio e amarrai-o em feixes para ser queimado! O trigo, porém, guardai-o no meu celeiro!" (Mt 13,24-30).

[19] Não encontramos, na Sagrada Escritura a expressão "mal-estar". Os sinônimos dela são: malevolência, malquerença, hostilidade, mal-afamado, malfeitor.

As comunidades religiosas são chamadas primeiramente a testemunhar, no mundo de hoje, que a prática dos conselhos evangélicos torna as pessoas mais maduras, mais completas e mais livres e favorece um clima de autêntica comunhão fraterna.[20] Nessa perspectiva, os religiosos e as religiosas devem viver a própria vida como um sinal claro do *Reino de Deus* e como profecia de uma nova cultura organizada segundo o Evangelho.[21]

Em uma sociedade invadida pelo materialismo, pela busca de poder e pelo individualismo, a provocação de uma vida serena, alegre, livre, totalmente "consagrada" a Deus e aos irmãos, pode ser um claro sinal eficaz e crível do *Reino de Deus,* vivendo a co-responsabilidade da missão, a dedicação e o sacrifício no serviço aos destinatários do carisma, e a comunhão e partilha de uma autêntica vida fraterna.

O *bem-estar consagrado* supre as fragilidades humanas, favorece a construção da comunhão das pessoas, mediante um modo radical e sincero de viver os valores evangélicos. O povo de Deus tem urgência de perceber que os consagrados e as consagradas — não porque resolveram todos os problemas, mas pelo fato de colocarem suas vidas continuamente "dentro" dos projetos de Deus — encontram a força de lutar, de contribuir para sanar as inúmeras divisões presentes na sociedade. Viver em comunhão, provocar com o estar disponível a agir em comum, apesar das diferenças individuais, contribui muito para o crescimento contínuo do *Reino de Deus.*

---

[20]   Cf. *Partir de Cristo*, n. 33.

[21]   A Instrução *Partir de Cristo* afirma: "Urge ser Igreja, viver juntos a aventura do Espírito e do seguimento de Cristo, de comunicar a experiência do Evangelho, aprendendo a amar a comunidade e a família religiosa do outro como própria. As alegrias e as dores, as preocupações e os sucessos podem ser partilhados e são de todos" (n. 30).

O *bem-estar consagrado* traduz-se num estilo contagioso, que provoca. O modo de *viver casto* traduz-se numa presença amiga, que sabe fazer-se amar, irradia a alegria e a felicidade de um coração amado por Deus. A *prática da pobreza* revela-se como empenho decidido e concreto para a encarnação do carisma de fundação, para educar à essencialidade, para testemunhar a partilha e a solidariedade.[22] O trabalho em comum, segundo um *projeto comunitário,* feito com generosidade e co-responsabilidade, manifesta o esforço de superar o individualismo.[23]

A mesma partilha da missão com os leigos[24] e a busca de novos caminhos para a administração dos bens, numa visão de solidariedade evangélica e de co-envolvimento, constituem um apelo às razões que sustentam a vida dos consagrados e das consagradas.

Um mal-estar consagrado a ser relido com serenidade

Por ocasião de capítulos gerais ou provinciais, vêm à ribalta, quando se trata do argumento "vida fraterna", antigas questões relacionais que, em alguns casos, são sintomas claros de um *mal-estar.* As respostas aos questionários revelam uma espécie de insatisfação e a consciência de que as comunidades religiosas são formadas por alguns membros que vêem "tudo escuro", e por outros, que vêem "tudo cor-de-rosa". O anonimato é quase sempre uma válvula de segurança para muitos religiosos e religiosas.

---

[22] Cf. Instrução *Partir de Cristo,* nn. 13, 45.

[23] *Partir de Cristo,* n. 18

[24] Cf. POLI, G. F. *Osare la svolta. Collaborazione tra religiosi e laici al servizio del Regno.* Milano, Àncora, 2000.

Em geral não se fala abertamente desses problemas; persiste a antiga prudência de evitar esses argumentos, sobretudo pelo temor das desforras. Continua-se a ouvir frases como esta: "Quem denuncia, paga!". Conseqüentemente, os lugares privilegiados para enfrentar essas questões são os corredores ou os pequenos grupos. Dessa forma, jamais se enfrentarão os problemas nodais, sobretudo os que se referem às relações interpessoais.

Nunca se encontram, nos programas de formação permanente, argumentos como "o ciúme, a inveja, a incapacidade de aceitar os dons do outro ou da outra". Preferem-se questões espirituais ou, em se tratando dos argumentos que *aqui* consideramos, isso é feito na ótica da formação humana, quase sempre reservada a faixas etárias específicas. Há, contudo, Institutos que, nos últimos anos, demonstraram uma sensibilidade nova em relação às várias manifestações de *mal-estar*, propondo atividades específicas, embora ainda muito poucas.

Começou-se a falar sobre o tema em muitos encontros,[25] e os resultados crescerão quando se conseguir transferir as "provocações" e "indicações" para a vivência comunitária. Tudo isso, muitas vezes, não é acatado, pelo temor de criar novas tensões. É o caso das comunidades que renunciam à reunião semanal pela

---

[25] O Instituto de Teologia da Vida Consagrada Claretianum organizou, em Roma, em dezembro de 2001, o encontro: "Viver bem na comunidade. A qualidade de vida dos consagrados". Os relatores concordaram que, para viver bem nas comunidades religiosas, é necessário recuperar uma visão de existência inspirada nas bem-aventuranças evangélicas, superando insatisfações, sofrimentos, ressentimentos, cansaços, marginalização. Para esses "males", a única terapia que pode realmente incidir é o trabalho paciente de ajuda às comunidades para que encontrem em seu interior os instrumentos de "uma qualidade de vida" que produza "bem-estar físico, psicológico e espiritual". Lê-se na quarta-capa do volume publicado pela Editora Âncora, de Milão, em 2002: "Sobretudo espiritual: se a vida consagrada no Ocidente quiser ter futuro, deverá recuperar densidade espiritual e radicalidade evangélica".

presença de elementos que perturbam, porque atacam o grupo ou um membro em particular.

É claro que a improvisação ou a transformação de uma reunião de comunidade num tribunal pode induzir a opções diferentes. Contudo, isso não é correto. Dessa forma, se favorece o surgimento de tipos de terrorismo psicológico ou gera-se a percepção de que um membro da comunidade pode ter todos os outros componentes nas mãos.

A USMI [União dos Superiores Maiores da Itália], a CISM [Conferência Italiana das Superioras Maiores], as Universidades Pontifícias, assim como numerosas escolas de psicologia e de formação, já há alguns anos oferecem uma série de propostas formativas admiráveis, para traduzir a denúncia em busca de itinerários possíveis.

A vida consagrada não é só *mal-estar,* apesar da urgência de se propor novamente as bases da existência consagrada ao serviço do *Reino de Deus* e de todas as metódicas que possam elevar a qualidade das relações e, como conseqüência, melhorar as atividades apostólicas. Exemplo disso é a análise de Santiago González Silva, apresentada no volume *"Star bene" nella comunità* [*Viver bem na comunidade*]. Ele, de fato, admite que:

> às vezes, parece que se percebe tensão e insatisfação entre os consagrados e consagradas. Não há que se admirar. Isso acontece sempre nos momentos de transição lá onde mecanismos longamente comprovados são substituídos por outros que, aos poucos, começam a aparecer. Contudo, deve haver a unidade de vida. Não será, talvez, um puro estado de graça, mas uma dinâmica salutar onde os diversos componentes encontrem interação positiva. Convém escolher, nesses processos, um critério útil para medir a situação real das coisas, mas pronto também a apresentar as motivações, em vista de uma linha de abertura e de progresso. Segundo a cultura atual, a "qualidade de vida" exprime precisamente esses valores.

De um lado, contrasta as disfunções existentes, e de outro, indica a alternativa de um mundo mais habitável. Essa expressão é sinônimo de felicidade no imaginário coletivo. Nós, membros de Institutos de vida consagrada, não podemos ignorá-lo. Primeiramente porque, se a nossa vida não for possível de ser vivida, nada mais teremos a consagrar, mas, sobretudo, porque a vida evangélica deveria refletir, com evidente esplendor, a alegria de ter ouvido a boa nova.[26]

Em *Partir de Cristo* lê-se, entre outras coisas: "Um olhar realista sobre a situação da Igreja e do mundo obriga-nos a perceber também *as dificuldades nas quais vive a vida consagrada*" (n. 11). A experiência de *mal-estar* vivida por um religioso ou por uma religiosa jamais está separada do fato de ser "consagrado ou consagrada". Portanto, quando falamos de *mal-estar consagrado*, fazemos nossas as reflexões da Instrução *Partir de Cristo,* quando afirma que:

O grande tesouro do dom de Deus guarda-se em frágeis vasos de barro, e o mistério do mal arma ciladas também àqueles que dedicam a Deus toda a sua vida. Se se presta, agora, certa atenção aos sofrimentos e desafios que hoje perturbam a vida consagrada não é para dirigir-lhe um juízo crítico nem condenatório, mas para mostrar, uma vez mais, toda a solidariedade e aproximação amorosa de quem quer partilhar não apenas as alegrias, mas também as dores (n. 11).

Ninguém deve se escandalizar, se

ao lado do impulso vital, capaz de testemunho e de doação até ao martírio, a vida consagrada conhece também a insídia da mediocridade na vida espiritual, do progressivo aburguesamento e da mentalidade consumista (n. 12).

---

[26] GONZÁLEZ SILVA, S. (ed.). *"Star bene" nella comunità. La qualità della vita dei consacrati.* Milano, Àncora. p. 5.

Antes, é melhor enfrentar as questões acerca do *mal-estar consagrado* do que se iludir que tudo vai bem. Não é uma questão de fachada, mas de coragem para enfrentar os problemas que tocam de perto a vida consagrada[27] e de certeza que somente em Deus "tudo" pode assumir uma perspectiva nova.[28]

Inquietações e incerteza do futuro: os desafios

O nosso tempo está demonstrando que é viva, nos Institutos religiosos, a consciência de que "a história da Igreja é conduzida por Deus e que tudo contribui para o bem daqueles que o amam" (*Partir de Cristo*, n. 11). A Instrução continua afirmando que "nesta visão de fé, até o negativo poderá ser ocasião para um novo início, se nele se reconhecer o rosto de Cristo, crucificado e abandonado, que se fez solidário com 'os nossos limites, a ponto de, sobre a cruz', carregar nossos pecados em seu próprio corpo. A graça de Deus manifesta-se, pois, plenamente, na nossa debilidade".

Por isso, algumas *inquietações* podem tornar-se uma escola de vida, numa visão serena, cheia de esperança e de fé. Não exis-

---

[27] "A complexa condução das obras, embora pedida pelas novas exigências sociais e pelas normativas dos Estados, unida à tentação do eficientismo e do ativismo, ameaçam ofuscar a originalidade evangélica e debilitar as motivações espirituais. O prevalecer de projetos pessoais sobre os comunitários pode lesar profundamente a comunhão da fraternidade. São problemas reais que, todavia, não se devem generalizar. As pessoas consagradas não são as únicas a viver em tensão entre secularismo e autêntica vida de fé, entre a fragilidade da própria humanidade e a força da graça; esta é a condição de todos os membros da Igreja" (*Partir de Cristo*, n. 12).

[28] *Partir de Cristo* recorda ainda: "a consciência de ser objeto de um amor infinito pode ajudar a superar toda e qualquer dificuldade, pessoal e do Instituto. As pessoas consagradas não poderão ser criativas, capazes de renovar o Instituto e de abrir novos caminhos de pastoral, se não se sentirem animadas por este amor. Este é o amor que faz fortes e corajosos, que infunde audácia e faz tudo ousar" (n. 22).

tem soluções mágicas. Diante de desejos, inquietações, alegrias e dores, utopias, todo religioso e toda religiosa são convidados a enfrentar a vida com dedicação quotidiana, com trabalho assíduo e empenho generoso, servindo-se da razão, do coração e das idéias, como também da emoção, dos meios e instrumentos adequados.[29]

A Instrução *Partir de Cristo* recorda, ainda, que "as dificuldades e os interrogativos vividos, hoje, pela vida consagrada podem introduzir num novo *kairós*, em um tempo de graça. Neles se esconde um autêntico apelo do Espírito Santo a redescobrir as riquezas e potencialidades desta forma de vida" (n. 13).

Nisto consiste a habilidade dos animadores: em sustentar o cansaço e a desconfiança que se insinuam entre os religiosos e as religiosas diante das inevitáveis fadigas que comportam a individuação de soluções para a reestruturação e a conversão das obras. O mesmo acontece quanto à distribuição de papéis, não mais em função exclusivamente das obras, insistindo que o coração da vida consagrada é a identidade carismática e a missão; o oposto favorece tão-somente uma distorção e um distanciamento dos verdadeiros princípios inspiradores.

A transformação por que a vida consagrada está passando, é, em todo caso, uma obra providencial que vem enriquecer a comunidade cristã inteira, sobretudo pela capacidade que numerosos Institutos têm de se questionarem, sem medo do confronto com as realidades mundanas.

Também "a diminuição das vocações, particularmente no mundo ocidental, e o seu crescimento na Ásia e na África está desenhando uma nova geografia da presença da vida consagrada

---

[29] Cf. CONFERÊNCIA DOS MINISTROS PROVINCIAIS DOS FRADES MENORES DA ITÁLIA. *Voi siete tutti Fratelli. Sussidio per la formazione permanente sul capitolo 3º delle Costituzioni generali* (organizado pela Secretaria Geral OFM para a formação e os estudos). Assisi, 2002. p. 59.

na Igreja e novos equilíbrios culturais na vida dos Institutos" (Instrução *Partir de Cristo*, n. 17). Esse dado é um convite a reler a opção de numerosas famílias religiosas de fazer o carisma originário "migrar" para outros países, interpelando-se se tal opção é, hoje, ocasião de crescimento para todos os membros.

Essas operações nem sempre foram conduzidas à maneira de projeto, mas com uma certa improvisação. O escasso conhecimento da história, das tradições dessas populações, criou e continua a fomentar não poucas tensões. Em numerosos casos, os primeiros passos de uma família religiosa em terra estrangeira foram dados por irmãs e irmãos cheios de muita vontade, mas nem sempre adequadamente preparados para enfrentar pessoas e situações inéditas devido aos conhecimentos e experiências que tinham anteriormente.

Mediante uma avaliação posterior, pode-se ler a "busca vocacional" de novos membros, fora dos limites nacionais, como o desejo de garantir a continuidade do carisma das origens. Nas famílias religiosas italianas reverteram-se consistentes recursos, empenhando-se pessoal e capitais. Nas novas realidades, muitas vezes, o erro foi importar *tout court* a organização nacional; até na construção das obras, a cultura do lugar nem sempre foi respeitada.

A idéia que se passou foi a de que as "novas presenças" de mulheres ou homens consagrados tinham meios econômicos consistentes e capacidade de intervenção sobre as necessidades do povo iguais à de um "pronto-socorro". Tal impacto contribuiu para gerar a convicção de que "irmãs e frades" pudessem mudar a vida da população, não no âmbito religioso, mas no existencial.

Com o passar do tempo, nem sempre os resultados corresponderam às expectativas da primeira hora; não só para os que foram implantar o carisma nos diversos países, mas brotou, na faixa de irmãs e irmãos mais idosos, uma espécie de mal-estar que empobreceu a própria vida consagrada, criando tensões em nível de gerações. As dificuldades foram menores nos países em que o carisma tinha sido implantado há mais tempo, e os itinerários formativos eram conduzidos por religiosos e religiosas do lugar.

O *mal-estar* manifesta-se na incapacidade de se entrar de acordo quanto às motivações profundas que levaram as famílias religiosas a saírem dos limites nacionais, e, quanto às novas gerações, nas dificuldades para aderir a tal proposta de vida consagrada. É lógico que os religiosos e as religiosas provenientes dessas comunidades carreguem as contradições e as pulsões típicas dos jovens.

Não seria justo afirmar que tudo é negativo. Hoje, a vida consagrada pode contar, com orgulho e gratidão, com essas novas forças. Na própria nação italiana, as comunidades religiosas assumiram as cores das diversas nacionalidades. Os destinatários dos carismas apreciam sempre mais as riquezas culturais, os estilos de vida, a polivalência de experiências.

A insatisfação pode ser atenuada se, de ambas as partes, brotar a consciência de que a causa do *Reino de Deus* é que deve guiar a todos. O esforço também está em criar condições para uma vida fraterna viva, capaz de fazer com que todos vivam satisfeitos. É surpreendente a acolhida que os religiosos e religiosas de outras nacionalidades recebem dos europeus; respira-se logo um ar doméstico, percebe-se que o hóspede é agradável, valorizado, que está no centro das atenções.

Nem sempre a experiência das comunidades religiosas sintoniza-se com a tradição de acolhida; o distanciamento das próprias raízes, da família e da cultura de referência pode ser integrado por comunidades capazes de valorizar as pessoas como tais. Em alguns casos, a idéia de serem valorizadas pela contribuição nas obras pode concorrer para gerar tensões e divisões.

Não esqueçamos, porém, o aspecto positivo dessa vontade de querer ir "implantar o carisma fora da terra de origem", e hoje, também a vontade de querer ajudar as Igrejas e as comunidades mais pobres. Lembremo-nos, porém, que tudo isso exige um grande sentido eclesial e a vontade explícita de inserir-se em caminhos diferentes daqueles de proveniência.

Acompanhar pessoas vivazes, com vocações diferentes e complementares a serviço do Reino de Deus

P. Pascual Chávez Villanueva, reitor-mor dos Salesianos, afirmou que "Deus coloca todos os elementos da criação ao serviço do ser humano" e que este, "por sua vez, criado como homem e mulher, é encarregado de completar a criação, ao longo da história, mediante a construção da união no amor", sobretudo "amando, formando uma família e construindo comunidade".[30] São essas as premissas para que toda comunidade, graças à vitalidade, diversidade e complementaridade dos religiosos e das religiosas, seja "casa e escola de comunhão" (Exortação Apostólica *Novo Millennio Ineunte*, NMI, n. 43), com o intento preciso de "pôr-se ao serviço de toda a Igreja e da humanidade inteira" (*Partir de Cristo,* n. 19). Tem razão a Instrução mencionada tantas vezes, ao recordar que esses empenhos exigem uma consciência que supera a pura consideração para tornar-se experiência de vida.

---

[30] CHÁVEZ VILLANUEVA, P. *Facciamo di ogni famiglia e di ogni comunità "la casa e la scuola della comunione"* (NMI, 43). Strenna, Istituto Figlie di Maria Ausiliatrice, 2003. p. 7.

É, precisamente, no simples cotidiano que a vida consagrada cresce, em progressivo amadurecimento, a fim de se tornar anúncio de um modo de viver alternativo aos do mundo e da cultura dominante. Com o estilo de vida e a busca do Absoluto, sugere quase que uma terapia espiritual para os males do nosso tempo. Por isso, no coração da Igreja, representa uma bênção e um motivo de esperança para a vida humana e para a própria vida eclesial (*Partir de Cristo*, n. 6).

Os acontecimentos da vida, mesmo corriqueiros, põem-se como interrogativos a serem lidos sob a ótica da conversão. A dedicação dos consagrados ao serviço de uma qualidade evangélica da vida contribui para manter viva, em muitos modos, a prática espiritual em meio ao povo cristão. As comunidades religiosas procuram sempre mais ser lugares para a escuta e a partilha da Palavra, para a celebração litúrgica, a pedagogia da oração, o acompanhamento e a direção espiritual. Então, ainda que sem o pretender, a ajuda dada aos outros retorna numa recíproca vantagem (n. 8).

Para realizar esses objetivos, a comunidade precisa de pessoas dispostas a se deixarem convocar continuamente,[31] a serem capazes de ter sob controle o caruncho da rotina, para crer até o fundo no valor da Palavra de Deus, para "caminhar juntos",[32]

---

[31] "O tempo em que vivemos impõe que se repense, em geral, a formação das pessoas consagradas, não mais limitada a um único período da vida. Não só para que se tornem sempre mais capazes de se inserir numa realidade que se modifica com um ritmo muitas vezes frenético, mas também, e primeiramente, porque é a própria vida consagrada que exige, por sua mesma natureza, uma constante disponibilidade daqueles que a ela são chamados" (*Partir de Cristo*, n. 5). "Também, hoje, o Espírito Santo requer disponibilidade e docilidade à sua ação sempre nova e criativa. Só ele pode manter constante o frescor e a autenticidade dos inícios e, ao mesmo tempo, infundir a coragem do empreendimento e da inventiva para responder aos sinais dos tempos" (n. 20).

[32] "A vida fraterna em comum favorece também a redescoberta da dimensão eclesial da Palavra: acolhê-la, meditá-la, vivê-la juntos, comunicar as experiências que dela florescem e assim avançar numa autêntica espiritualidade de comunhão" (*Partir de Cristo*, n. 24).

como real "espiritualidade de comunhão";[33] ao mesmo tempo, são indispensáveis superiores e superioras que não se deixem

[33] "Mas o que é a espiritualidade da comunhão? João Paulo II, com palavras incisivas, capazes de renovar relações e projetos, ensina: 'Espiritualidade da comunhão significa, em primeiro lugar, ter o olhar do coração voltado para o mistério da Trindade que habita em nós e cuja luz há de ser percebida também no rosto dos irmãos que estão ao nosso redor'. E ainda: 'Espiritualidade da comunhão significa também a capacidade de sentir o irmão de fé na unidade profunda do Corpo místico, isto é, como 'um que faz parte de mim [...]'. Deste princípio derivam, com estrita lógica, algumas conseqüências aplicáveis ao modo de sentir e de agir: partilhar as alegrias e os sofrimentos dos irmãos, para intuir os seus anseios e dar remédio às suas necessidades, para oferecer-lhes uma verdadeira e profunda amizade. Espiritualidade da comunhão é ainda a capacidade de ver antes de mais nada o que há de positivo no outro, para acolhê-lo e valorizá-lo como dom de Deus, é saber criar espaço para o irmão, levando os fardos uns dos outros. Sem esta caminhada espiritual, de pouco servirão os instrumentos exteriores da comunhão. A espiritualidade de comunhão se defronta com o clima espiritual da Igreja, no início do terceiro milênio, missão ativa e exemplar da vida consagrada em todos os níveis. É a via régia de um futuro de vida e testemunho. A santidade e a missão passam pela comunidade porque Cristo se faz presente nela e por meio dela. O irmão e a irmã fazem-se sacramento de Cristo e do encontro com Deus, a possibilidade concreta e, mais ainda, a necessidade impreterível para poder viver o mandamento do amor recíproco e, portanto, a comunhão trinitária. Nestes anos, as comunidades e os vários tipos de fraternidade de consagrados vêm sendo sempre mais entendidos como lugares de comunhão, onde as relações aparecem menos formais e onde a acolhida e a compreensão mútua são facilitadas. Descobre-se também o valor divino e humano do estar juntos gratuitamente, como discípulos e discípulas ao redor do Cristo Mestre, em amizade, partilhando até mesmo os momentos de divertimento e de lazer. Nota-se igualmente uma comunhão mais intensa entre as diversas comunidades de um mesmo Instituto. As comunidades multiculturais e internacionais, chamadas a 'testemunhar o sentido da comunhão entre os povos, as raças e as culturas', em muitos lugares são já uma realidade positiva, onde se experimentam conhecimento mútuo, respeito, estima e enriquecimento. Revelam-se lugares de adestramento à integração e à inculturação e são, ao mesmo tempo, testemunho da universalidade da mensagem cristã" (*Partir de Cristo*, n. 29).

subjugar pelas dificuldades do papel e da tarefa primária de sustentar o caminho das comunidades.[34]

O futuro das comunidades pode ser jogado nessa perspectiva, apostando "tudo" nos recursos de cada irmão e de cada irmã, superando preconceitos antigos, com o esforço de descobrir "as maravilhas que Deus realiza na frágil humanidade das pessoas chamadas" (VC, n. 20).

Quando uma comunidade religiosa é motivada pela certeza de ter sido chamada a contribuir para a evangelização do "povo de Deus" (*Lineamenta para o IX Sínodo sobre a Vida Consagrada*, n. 43) e está convencida de que "o caminho da pessoa consagrada consiste justamente no consagrar progressivamente ao Senhor tudo aquilo que tem e tudo aquilo que é para a missão de sua família religiosa" (*A vida fraterna em comunidade*, n. 40), vitalidade, diversidade e complementaridade não são senão caminhos para aceitar que "a dedicação a tal apostolado comunitário faz madurecer a pessoa consagrada e a faz crescer em seu peculiar caminho de santidade".

Celebrando a vida

A vida de um religioso, de uma religiosa, antes de ser consciência, disponibilidade para o *Reino de Deus,* busca de caminhos

---

[34] "Missão fundamental, na hora de reencontrar o sentido e a qualidade da vida consagrada, é a dos superiores e das superioras, aos quais se confiou o serviço da autoridade, tarefa exigente e, às vezes, contrariada. Essa missão requer uma constante presença, capaz de animar e de propor, de recordar a razão de ser da vida consagrada e de ajudar as pessoas que lhe foram confiadas no sentido de uma fidelidade sempre renovada ao chamado do Espírito. Nenhum superior pode renunciar à sua missão de animação, de ajuda fraterna, de proposta, de escuta e de diálogo. Só assim é que a comunidade toda poderá achar-se unida na plena fraternidade, no serviço apostólico e ministerial" (*Partir de Cristo*, n. 14).

inéditos, é concretização destas palavras: "Então o Senhor Deus formou o homem do pó da terra, soprou-lhe nas narinas o sopro da vida, e ele tornou-se um ser vivente" (Gn 2,7). Tem razão Pacot quando afirma que:

> muitos prosseguem no próprio caminho como se existir fosse algo totalmente natural, não estão despertos; nem pensam em ter gratidão por serem seres vivos. Esquecem a própria filiação de origem, a parentela essencial: é o primeiro fracionamento do ser separado da sua fonte.[35]

O gosto pela vida não é só aprofundamento e busca, aquisição de técnicas ou dinâmicas de grupo, mas é, sobretudo, "sentido da própria vida". É um trabalho pessoal ao qual ninguém pode subtrair-se. Para administrar serenamente o cotidiano, urge eliminar as feridas contraídas, os sofrimentos pelos quais se passou. É determinante iniciar um processo de cura do profundo para reencontrar a direção que leva à vida, à paz interior e exterior, à saúde física e espiritual.[36]

---

[35] Pacot, S. *Torna alla vita! L'evangelizzazione del profondo*. Brescia, Queriniana. v. II. p. 10. [Ed. bras.: *A evangelização das profundezas*. São Paulo, Santuário, 2001.]

[36] Alguns religiosos e religiosas não conseguem sair do "seu passado", pela incapacidade de tomar claramente consciência do modo pelo qual puderam distanciar-se da vida, favorecendo uma cultura de destruição, sem a coragem de encontrar os caminhos que levam à vida. Escreve ainda Pacot: "Com efeito, se o ser humano é chamado a uma vida bela, boa e abundante. Todavia, em seu caminho encontrará o mal. É essencialmente esse mal que impede à vida de nascer e desenvolver-se, levando a uma forma de destruição e de morte, qualquer que seja a sua forma" (Pacot, S. *Torna alla vita!*, cit., pp. 11-12). O trabalho pessoal está na direção de uma vida celebrada, apesar do passado, com a vontade de não recair nos erros passados; quem pensa viver sem cair, já caiu sob o jugo da ilusão. Cair não é um bem, mas nem mesmo uma morte, é escola de vida se o indivíduo chegar a transformar gradualmente as quedas em experiências tais que despertam a vontade de qualidade, de eternidade; portanto, de um futuro diferente.

"Escolhe, portanto, a vida" (Dt 30,15-30). É oportuno lembrar que a vida é um dom a ser administrado por pessoas vivazes. Ninguém pode se contentar em existir. Isto seria muito redutivo. Cada um deve investir a própria vida na lógica do ditado bíblico. Escreve ainda Pacot: "Escolhe a vida assim como ordena o Criador, segundo a sua 'disposição', quaisquer que sejam as circunstâncias da tua existência. Não tenhas qualquer conivência com a morte".[37]

O *bem-estar* tem um antigo estádio: a parábola dos talentos de Mt 25,14-30.[38] Retomemos, de modo particular, o versículo

---

[37] PACOT, S. *Torna alla vita*, cit., p. 13.

[38] "É como um homem que ia viajar para o estrangeiro. Chamou os seus servos e lhes confiou os seus bens: a um, cinco talento, a outro, dois e ao terceiro, um; a cada qual de acordo com sua capacidade. Em seguida, viajou. O servo que havia recebido cinco talentos saiu logo, trabalhou com eles e lucrou outros cinco. Do mesmo modo, o que havia recebido dois, lucrou outros dois. Mas aquele que havia recebido um só, foi cavar um buraco na terra e escondeu o dinheiro do seu senhor. Depois de muito tempo, o senhor voltou e foi ajustar as contas com os servos. Aquele que havia recebido cinco talentos entregou-lhe mais cinco, dizendo: 'Senhor, tu me entregaste cinco talentos. Aqui estão mais cinco que lucrei'. O senhor lhe disse: 'Parabéns, servo bom e fiel. Como te mostraste fiel na administração de tão pouco, eu te confiarei muito mais. Vem participar da alegria do teu senhor!'. Chegou também o que havia recebido dois talentos e disse: 'Senhor, tu me entregaste dois talentos. Aqui estão mais dois que lucrei'. O Senhor lhe disse: 'Parabéns, servo bom e fiel! Como te mostraste fiel na administração de tão pouco, eu te confiarei muito mais. Vem participar da alegria do teu senhor!'. Por fim, chegou aquele que havia recebido um talento, e disse: 'Senhor, sei que és um homem severo, pois colhes onde não plantaste a ajuntas onde não semeaste. Por isso fiquei com medo e escondi o teu talento no chão. Aqui tens o que te pertence'. O senhor lhe respondeu: 'Servo mau e preguiçoso! Sabias que eu colho onde não plantei e que ajunto onde não semeei. Então devias ter depositado meu dinheiro no banco, para que, ao voltar, eu recebesse com juros o que me pertence'. Em seguida, o senhor ordenou: 'Tirai dele o talento e dai àquele que tem dez! Pois a todo aquele que tem será dado mais, e terá em abundância, mas daquele que não tem, até o que tem lhe será tirado. E quanto a este servo inútil, lançai-o fora, nas trevas. Ali haverá choro e ranger de dentes!'".

21: "Parabéns, servo bom e fiel! Como te mostraste fiel na administração de tão pouco, eu te confiarei muito mais. Vem participar da alegria do teu senhor". Aí está o segredo de administrar com descortino e coragem, sem deter-se diante das dificuldades e das provações, mas com a convicção de poder contar com os recursos internos, como o corpo, a psique e o espírito. É preciso ter em vista estes "pontos firmes" com todas as nossas próprias forças. Também o consagrado e a consagrada não podem negar o fato de serem pessoas, com um corpo, uma mente e uma vida interior.

A vida é um apelo contínuo a superar a tentação da ambigüidade, do estar "dentro" de várias situações. O *bem-estar* ou o *mal-estar* depende do indivíduo. O povo hebreu era escravo do Faraó no Egito e, apesar das lutas de Moisés, era grande a tentação de voltar atrás (mal-estar), diante do perigo de encontrar o caminho para a libertação definitiva.

A história da "terra prometida" continua a se repetir. E é sempre um chamado a tomar muita coragem e a escolher a vida em vez da morte. É claro que os custos desse esforço são individuais e ninguém pode substituir o outro. Como para o povo hebreu, a revelação comporta a aceitação do Deus único e o esforço de servir ao projeto de salvação.

A concorrência entre bem e mal é gerida, muito freqüentemente, pela instabilidade das pessoas e, sobretudo, por uma fé insignificante. Deus pede tão-somente fidelidade à aliança. Voltar a escolher a Deus equivale a tornar a escolher a vida, mesmo que isso nem sempre seja fácil. Cada pessoa exibe o próprio elenco de cansaços e de provações; quase nunca os esconde ou esquece.

A palavra de Deus nos oferece uma indicação a respeito. Diz o Eterno a Josué: "Assim como estive com Moisés, estarei contigo. Não te deixarei nem te abandonarei. Sê forte e corajoso [...]. Não tenhas medo, não te acovardes, pois o Senhor, teu Deus, estará contigo onde quer que vás" (Js 1,5-6.9).

Na medida em que a pessoa consagrada consegue orientar todas as próprias energias para essa vertente, brota, como conseqüência, a recuperação, a confiança e o gosto pela vida. É a primeira forma de evangelização, por meio da qual se atesta que Deus é a fonte da vida, anunciando, com os fatos, que escolhemos pertencer para sempre Àquele que quis criar cada indivíduo à Sua imagem (cf. Gn 1,27).

Acontece, com freqüência, que, para aceitar um assunto deste calibre, é preciso ser jovem, ter tido uma outra formação, ter vivido nos tempos em que a vida consagrada não tinha os problemas de hoje. Não é verdade, pois não é a idade, as forças ou as experiências vividas que contam, e sim o crer firmemente que a vida consagrada é o primeiro sinal para uma existência doada.

Antes de ouvir o nome de Jesus Cristo, o povo deve individuá-lo, descobri-lo na vida do consagrado. Não são as obras que evangelizam, mas a vida, como princípio bom, experiência divina, manifestação do amor eterno, despertar diante das provações e das contínuas fadigas.

Num outro ensaio já nos referimos à figura de Lázaro (cf. Jo 11,39), recuperando as considerações de Simone Pacot, em sua obra *A evangelização das profundezas*,[39] para insistir que ninguém tem o direito de se esconder ou atenuar o valor existencial de que é portador.

Acontece que algumas pessoas têm medo de se apresentar, de revelar o âmbito humano que possuem; preferem inserir-se nas obras, fazer falar as ações mais do que a vida. O povo quer, com

---

[39] PACOT, S. *Torna alla vita*, op. cit., pp. 33ss.

urgência, ver o rosto humano dos religiosos e das religiosas, quer descobrir-lhes os esforços, escutar seus anseios, experimentar o desejo veemente que eles têm de absoluto.

A idéia de que a consagração é separação, distanciamento e fuga do mundo, deve integrar-se pela decisão de "retirar a pedra" (cf. *Jo* 11,39) de uma visão restritiva da vida consagrada. Com razão, escreve Pacot:

> Retirai o que impede que o sopro de Deus possa penetrar em vossos sepulcros. Abri o que está fechado em vós. Deixai cair as vossas resistências. Quando Jesus pediu para retirarem a pedra do sepulcro de Lázaro, Marta assustou-se: "Senhor, já cheira mal... é o quarto dia" (Jo 11,39). O Mestre não se preocupa com isso; ele veio para entrar lá onde não há um bom odor, para abrir o que está fechado à chave, para curar o que está doente, para fazer retornar à vida o que está morto.[40]

O gosto pela vida, a alegria de ser uma pessoa consagrada, deve passar pelo crivo do "sopro divino", o qual, por sua natureza, é força, luz, coragem, plenitude de vida. Nenhum tipo de chamado deve permanecer às escuras ou escondido, mas ser visto, admirado, saboreado e descoberto.

O vocabulário divino é ternura, desejo e liberdade; é movimento interior, esperança, como nos recordam as palavras do *Apocalipse*: "Eis que estou à porta e bato; se alguém ouvir minha voz e abrir a porta, eu entrarei na sua casa e tomaremos a refeição, eu com ele e ele comigo" (3,20).

A vida que Deus nos deu não pode ficar encerrada em determinado esquema pré-confeccionado. Ela precisa ser continuamente motivada pelo desejo de eternidade, pela vontade de participar ativamente na realização do projeto divino.

---

[40] Ibid.

Vivendo por vocação

Se a vida de um consagrado e de uma consagrada consiste em celebrar a vida, um outro aspecto complementar é a consciência de ter recebido uma *vocação* a ser frutificada,[41] sem jamais esquecer o imperativo do apostolado: "tende uma vida digna da vocação que recebestes" (Ef 4,1); de modo contextual, o objetivo do *Reino de Deus*.[42]

A atitude que se deve cultivar é a consciência de que se deve fazer o dom circular, justamente porque vem de Deus em Jesus e se refere continuamente às três pessoas divinas.[43]

---

[41] "Um dos primeiros frutos de um caminho de formação permanente é a capacidade cotidiana de viver a vocação como dom sempre novo, o qual deve ser acolhido com um coração agradecido. Um dom ao qual se deve responder com um comportamento sempre mais responsável, a ser testemunhado com convicção e capacidade de contágio a fim de que outros possam sentir-se chamados por Deus àquela vocação particular, ou mesmo para outra vocação. O consagrado é também, por sua própria natureza, um animador vocacional; quem foi chamado pois, não pode não se tornar, ele mesmo, um arauto. Há, portanto, um laço natural entre formação permanente e animação vocacional" (*Partir de Cristo*, n. 16).

[42] "Na verdade, a vocação recebida pelas pessoas consagradas para procurarem sobretudo o Reino de Deus é, antes de tudo, um chamado à conversão plena, renunciando a si próprias para viverem totalmente do Senhor, a fim de que Deus seja tudo em todos. Chamados a contemplar e a testemunhar o rosto 'transfigurado' de Cristo, os consagrados são chamados também a uma existência transfigurada" (*Vita Consecrata*, n. 35).

[43] "Cada vocação à vida consagrada nasceu na contemplação, de momentos de intensa comunhão e de uma profunda relação de amizade com Cristo, da beleza e da luz que se viram brilhar sobre o seu rosto. Daí amadureceu o desejo de estar sempre com o Senhor — 'é bom ficarmos aqui' (Mt 17,4) — e de o seguir. Cada vocação deve constantemente amadurecer nesta intimidade com Cristo. 'O vosso primeiro compromisso, portanto — recorda João Paulo II às pessoas consagradas —, não pode não se situar na linha da *contemplação*. Toda a realidade da vida consagrada nasce e a cada dia regenera-se na contemplação incessante do rosto de Cristo'" (*Partir de Cristo*, n. 25). Recorda-se ainda que: "a primeira tarefa que se deve retomar com entusiasmo é o anúncio de Cristo aos povos. Ele depende, sobretudo, dos consagrados e das consagradas, empenhados em fazer chegar a mensagem do Evangelho à crescente multidão dos que a ignoram" (Ibid., n. 37).

A Instrução *Partir de Cristo* moveu-se nessa direção, ao afirmar que "o anúncio cristão da vida como vocação, vida que brota de um projeto de amor do Pai e que necessita de um encontro pessoal e salvífico com Cristo na Igreja, deve-se deparar com concepções e projetos dominados por culturas e histórias sociais extremamente diversificadas" (n. 18).

Três indicações podem favorecer a alegre gestão do dom da *vocação*: "memória agradecida do passado, viver com paixão o presente e abrir-se com confiança ao futuro" (n. 19); são perspectivas que vão curar a tentativa da delegação ou da rotina,[44] sem jamais esquecer que "só ele pode manter constante o frescor e a autenticidade dos inícios e, ao mesmo tempo, infundir a coragem do empreendimento e da inventiva para responder aos sinais dos tempos" (n. 20); por isso, "urge a coragem de um seguimento generoso e alegre" (n. 22).

A *vocação* é a oportunidade de exprimir "o caráter 'totalizante' que constitui o dinamismo profundo da vocação à vida consagrada" (*Vita Consecrata*, n. 15). É essa consciência que faz bem, amadurece, cura, corrige qualquer falsa imagem de Deus, neurótica ou deformada. Como recorda Lucas, ninguém deve criar para si uma imagem errada de Deus (Lc, 4,9ss).

Sobre isso, é conveniente reportar também as palavras de *Vita Consecrata*:

> Está aqui o sentido da vocação à vida consagrada: uma iniciativa total do Pai (cf. Jo 15,16), que requer daqueles que ele escolhe uma resposta de dedicação plena e exclusiva. A experiência deste amor

---

[44] "[...] 'o risco do hábito' e a conseqüente tentação da desilusão pela escassez dos resultados. Neste caso, é necessário ajudar as pessoas consagradas de meia-idade a reverem, à luz do Evangelho e da inspiração carismática, a sua opção originária, sem confundir a totalidade da dedicação com a totalidade do resultado. Isto permitirá dar renovado impulso e novas motivações à própria escolha. É a estação da busca do essencial" (*Vita Consecrata*, n. 70).

gratuito de Deus é tão íntima e forte que a pessoa sente que deve responder com a dedicação incondicional da sua vida, consagrando tudo, presente e futuro, nas suas mãos (n. 17).

A *vocação* não deve ser exorcizada, mas administrada por uma qualidade da vida consagrada que favoreça as pessoas. Jamais serão os bens terrenos a integrarem a dedicação pelo Reino de Deus e o desafio da vida fraterna. Tudo pode ajudar, mas tudo pode empobrecer; o critério de discernimento, nestes casos, é a capacidade de ter motivações que cada um deve saber exercer com sabedoria evangélica e maturidade psicológica.

O fato preocupante que empenha não só os especialistas do setor psicológico, mas, de modo específico, os animadores de comunidades, é a constatação que escasseiam as vocações à vida consagrada. Lê-se na Exortação Apostólica *Vita Consecrata:*

A missão da vida consagrada e a vitalidade dos Institutos dependem, sem dúvida, do empenho de fidelidade com que os consagrados responderem à sua vocação, mas têm futuro na medida em que outros homens e mulheres generosamente acolherem o chamamento do Senhor. O problema das vocações é um verdadeiro desafio que diretamente interpela os Institutos, mas tem a ver com toda a Igreja. Gastam-se grandes energias espirituais e materiais no campo da pastoral vocacional, mas nem sempre os resultados correspondem às expectativas e aos esforços. Sucede que, enquanto florescem as vocações à vida consagrada nas jovens Igrejas e nas que sofreram perseguição da parte de regimes totalitários, escasseiam nos países tradicionalmente ricos de vocações, mesmo missionárias (n. 64).

Não há soluções pré-fabricadas, mas ninguém pode negar a urgência de conjugar ao mesmo tempo *vocação* e *vida*. Deus fala também por meio da realidade, induzindo a um exame sereno, a olhar a própria realidade com a disponibilidade de sair de becos sem saída ou de sonhos irrealizáveis. Os monges dos primeiros séculos continuam a chamar a atenção de gerações inteiras sobre o fato que o caminho para chegarmos a Deus faz-nos passar pelo encontro sincero conosco mesmos.[45]

A *vocação* não deve ocultar as riquezas que toda pessoa recebeu como dom. Muitas vezes, o temor de enfrentar determinadas questões pessoais, ou a idéia de falar dos próprios sentimentos geram reações diversificadas.[46] A história vocacional de todo

---

[45] Pacot, S. *Torna alla vita*, op. cit., p. 64.

[46] Salientou-se, com muita razão, que "para muitos religiosos idosos, a educação no noviciado aconteceu de maneira diferente daquela indicada no primeiro monaquismo. Há algumas décadas costumava-se passar por cima da realidade dos nossos sentimentos, necessidades e paixões. Isso freqüentemente significava reprimir ou ignorar esses aspectos. Não se consegue, porém, cancelar facilmente o que se reprime; aquilo que foi removido continua a agir em nós, às ocultas, em geral de modo destrutivo. Se eu reprimo minhas sensações e minhas necessidades, se não lhes dou um espaço para se manifestarem, elas pressionarão para serem vividas secretamente, terão um dualismo próprio delas — muitas vezes incontrolável — e chegarão a dominar-me completa e irresistivelmente. Se, por exemplo, eu não admitir a minha cólera e proibir-lhe que se exprima, ela encontrará escapatórias para insinuar-se em todas as minhas manifestações vitais. Quando todos os conflitos honestos e todo litígio se tornam tabu, como conseqüência pode ser que reine uma atmosfera de agressividade no convento" (Ibid., p. 65).

VÓS SOIS TODOS IRMÃOS E IRMÃS...

vocacionado é sempre marcada pelo "dar fruto",[47] e existe para a "transformação de uma pequena parte do mundo".[48]

Nessa perspectiva, a *vocação* pode contribuir para o *bem-estar*, justamente pelo fato de o objetivo que persegue estar sempre orientado para o *construir*, o *edificar*. Os verbos queridos ao *bem-estar* são de tipo afirmativo e positivo: *motivar, apoiar, somar, estimular, propor, facilitar, impulsionar*;[49] os contrários, porém, contribuem para invalidar o valor do dom recebido.

---

[47] "Com efeito, toda a Igreja espera muito do testemunho de comunidades ricas 'de alegria e de Espírito Santo' (At 13,52). Ela deseja oferecer ao mundo o exemplo de comunidades onde a recíproca atenção ajuda a superar a solidão, e a comunicação impele a todos a se sentirem co-responsáveis, o perdão cicatriza as feridas, reforçando em cada um o propósito da comunhão. Numa comunidade deste tipo, a natureza do carisma dirige as energias, sustenta a fidelidade e orienta o trabalho apostólico de todos para a única missão. Para apresentar à humanidade de hoje o seu verdadeiro rosto, a Igreja tem urgente necessidade de tais comunidades fraternas, cuja própria existência já constitui uma contribuição para a nova evangelização, porque mostram, de modo concreto, os frutos do 'mandamento novo'" (*Vita Consecrata*, n. 45).

[48] "A pessoa consagrada, deixando-se transformar pelo Espírito Santo, torna-se capaz de ampliar os horizontes dos limitados desejos humanos e, ao mesmo tempo, captar as dimensões profundas de cada indivíduo e sua história por detrás dos aspectos mais vistosos mas tantas vezes marginais" (*Vita Consecrata*, n. 98). "A Igreja precisa de pessoas consagradas que, ainda antes de se empenharem nesta ou naquela causa nobre, se deixem transformar pela graça de Deus e se conformem plenamente com o Evangelho" (Ibid., n. 105). "Na medida em que o consagrado vive uma vida dedicada exclusivamente ao Pai (cf. Lc 2,49; Jo 4,34), cativada por Cristo (cf. Jo 15,16; Gl 1,15-16), animada pelo Espírito Santo (cf. Lc 24,49; At 1,8; 2,4), ele coopera eficazmente para a missão do Senhor Jesus (cf. Jo 20,21), contribuindo, de modo particularmente profundo, para a renovação do mundo" (Ibid., n. 25).

[49] Cf. CONFERÊNCIA DOS MINISTROS PROVINCIAIS DOS FRADES MENORES DA ITÁLIA, *Voi siete tutti Fratelli*, op. cit., p. 58.

Sendo diversos: uma graça e um dom

Uma comunidade viva distingue-se, antes de tudo, pelo fato de nela os seus membros se sentirem *bem* e em *casa*. Seus relacionamentos interpessoais se caracterizam pela *confiança* e pela *simpatia*, pelo *interesse recíproco* e pela experiência de serem *bem aceitos*, pela atmosfera de *amizade* alimentada pelo fato de se saber que se percorre juntos um caminho humano e espiritual. A cada um é permitido ser o que é, acolhendo o princípio que *ser diferente é uma graça e um dom!*

Essa descrição não é um sonho nem deve permanecer como tal. Com efeito, o documento *A vida fraterna em comunidade* enuncia dois princípios determinantes para recordar que, na comunidade, cada irmão ou irmã tem uma história única, interesses e itinerários específicos, e que a missão da autoridade é promover essa integração.

A comunidade religiosa torna-se, então, o lugar onde se aprende cotidianamente a assumir aquela mentalidade renovada que permite viver a comunhão fraterna mediante a riqueza dos diversos dons e, ao mesmo tempo, impele esses dons a convergir para a fraternidade e para a co-responsabilidade no projeto apostólico (n. 39).

A autoridade que realiza a unidade é a que se preocupa em criar o clima favorável para a partilha e a co-responsabilidade, suscita a contribuição de todos para as coisas de todos, que encoraja os irmãos a assumirem as responsabilidades e os sabe respeitar, "suscita a obediência dos religiosos, no respeito à pessoa humana", escuta-os de bom grado, promovendo sua concorde colaboração para o bem do instituto e da Igreja, pratica o diálogo e oferece oportunos momentos de encontro, sabe infundir coragem e esperança nos momentos difíceis, que sabe olhar para frente a fim de indicar novos horizontes para a missão. E ainda: uma autoridade que procura manter o equilíbrio dos diferentes aspectos da vida comunitária. Equilíbrio entre oração e trabalho, entre apostolado e formação, entre compromissos e repouso (n. 50).

É oportuno insistir que todo religioso e toda religiosa têm valores, defeitos, papéis que os distinguem no grupo. A *diversidade* pode compreender os campos mais heterogêneos: cultura, constituição física, condições de saúde, de caminhada espiritual feita antes de entrar no convento, experiências diversas no âmbito da comunidade paroquial ou de um grupo...[50] Depois desses esclarecimentos, é determinante aceitar que a comunidade religiosa seja um lugar

> onde as grandes orientações se tornam operativas, graças à paciente e tenaz mediação quotidiana. A comunidade religiosa é a sede e o ambiente natural do processo de crescimento de todos, onde cada um se torna co-responsável pelo crescimento do outro. A comunidade religiosa, além disso, é o lugar onde, dia-a-dia, se recebe ajuda de pessoas consagradas, portadoras de um carisma comum, para responder às necessidades dos últimos e aos desafios da nova sociedade (*A vida fraterna em comunidade*, n. 43).

Os *diversos modos* de administrar as atividades apostólicas, o horário, os tempos de repouso, tudo isso é, de certa forma, o termômetro para medir a vitalidade de uma comunidade religiosa.[51]

---

[50] O documento sobre *A vida fraterna em comunidade* apresenta uma visão exaustiva da questão: "As diferenças, às vezes bastante notáveis, dependem — como é fácil compreender — da diversidade das culturas e dos diversos continentes, do fato de as comunidades serem femininas ou masculinas, do tipo de vida religiosa e de instituto, da diversa atividade e do relativo empenho de releitura e de re-atualização do carisma do fundador, da maneira diferente de se colocar diante da sociedade e da Igreja, da diferente recepção dos valores propostos pelo Concílio, das diferentes tradições e modos de vida comum e das diferentes maneiras de exercer a autoridade e de promover a renovação da formação permanente. De fato, os problemas são só em parte comuns; antes, tendem a diferenciar-se" (n. 5).

[51] O documento *A vida fraterna em comunidade* apresenta, ainda, algumas descrições importantes para se captar os "diferentes" modos de se viver o apostolado e a própria missão, como: a administração do tempo, os horários e tudo o que possa ajudar o funcionamento de um grupo. Eis as indicações operativas: "É constatação geral, especialmente para as comu-

As indicações que seguem, tiradas do documento *A vida fraterna em comunidade,* revelam-se úteis sobre o argumento:

Não é raro que, em relação aos problemas a serem enfrentados, as respostas sejam diferentes, com evidentes conseqüências sobre a vida comunitária. Daí a constatação de que um dos objetivos particularmente sentidos, hoje, é o de integrar pessoas, marcadas por formação diferente e por diferentes visões apostólicas, numa mesma vida comunitária onde as diferenças não sejam tanto ocasiões de contraste quanto momentos de mútuo enriquecimento. Nesse contexto diversificado e mutável, torna-se sempre mais importante o papel unificador dos responsáveis de comunidade, para os quais é oportuno prever apoios específicos da parte da formação permanente, em vista de sua tarefa de animação da vida fraterna e apostólica (n. 43).

---

nidades religiosas dedicadas às obras de apostolado, que se torna muito difícil encontrar, na prática cotidiana, o equilíbrio entre comunidade e empenho apostólico. Se é perigoso contrapor os dois aspectos, é, porém, difícil harmonizá-los. Essa é também uma daquelas tensões fecundas da vida religiosa, que tem a tarefa de fazer crescer, ao mesmo tempo, tanto o discípulo que deve viver com Jesus e com o grupo dos que o seguem, como o apóstolo que deve participar na missão do Senhor. A diversidade de exigências apostólicas nestes anos fez, freqüentemente, conviver dentro do mesmo instituto comunidades notavelmente diferenciadas: grandes comunidades bastante estruturadas e pequenas comunidades bem mais flexíveis, sem perder, porém, a autêntica fisionomia comunitária da vida religiosa. Tudo isso influencia a vida do instituto e sua própria fisionomia, não mais compacta como em outros tempos, mas mais variada e com diversas maneiras de realizar a comunidade religiosa. Em alguns institutos, a tendência de colocar a atenção mais sobre a missão do que sobre a comunidade, assim como a de privilegiar a diversidade em vez da unidade, influenciou profundamente a vida fraterna em comum, até ao ponto de fazer dela, às vezes, quase uma opção, em vez de uma parte integrante da vida religiosa. As conseqüências, não certamente positivas, levam a colocar sérias interrogações sobre a oportunidade de continuar nesse caminho e orientam muito mais a empreender o caminho da redescoberta da íntima ligação entre comunidade e missão, para assim superar criativamente os caracteres unilaterais que sempre empobrecem a rica realidade da vida religiosa" (n. 59).

Podemos encontrar religiosas e religiosos empenhados nas mais diversas atividades e nos mais diversos ambientes: com os pobres, com a educação, com os doentes, com os anciãos. E essas diferenças não se referem apenas ao contexto no qual cada um desenvolve suas atividades, mas também nas motivações profundas que sustentam suas diferentes opções, a ponto de alguns religiosos e algumas religiosas considerarem uma obrigação moral empenhar-se em certas atividades ou campos que outros não consideram urgentes.[52]

Essas diferenças de sensibilidade e de opção se revelam nos encontros comunitários, nos Capítulos gerais ou provinciais, nos quais sempre emergem propostas e pareceres diferentes, defendidos com igual sinceridade e paixão por pessoas profundamente diferentes. Foi o que afirmou, de modo lícito, no contexto de algumas reflexões sobre a fraternidade franciscana as quais acolhemos globalmente:

> A riqueza espiritual e a fecundidade apostólica das nossas Fraternidades dependem muito da extraordinária diferença de sensibilidades, de caracteres e de opiniões. Trata-se, efetivamente, de uma graça: a sensibilidade diferente dos Frades permite-nos perceber uma ampla gama de perspectivas diferentes das nossas, às quais jamais teríamos chegado sozinhos e que muitas vezes nos são reveladas como válidas e fascinantes. É possível, às vezes, perceber também o peso dessa diversidade. Quando é preciso tomar uma decisão em comum, as opiniões diferentes podem parecer um obstáculo ou um peso. Tem-se freqüentemente a impressão de que elas são um obstáculo à caminhada comunitária. Por outro lado, certas decisões devem ser tomadas com o consenso de todos. Então, é que a diversidade parece-nos um peso, o qual causa obstáculo

---

[52] Cf. Conferência dos Ministros Provinciais dos Frades Menores da Itália, *Voi siete tutti Fratelli*, op. cit., pp. 77-78.

para uma caminhada mais rápida e, talvez, mais profética e mais criativa.[53]

Ser *diferentes:* uma graça e um dom, com a condição de que todo religioso e toda religiosa se sintam em casa na própria comunidade, livre para expressar seus sentimentos, sem temer ser julgado e catalogado. Outro importante horizonte na acolhida das *diferenças* é que ninguém seja induzido ao subterfúgio por causa da mentalidade dos irmãos e das irmãs. Sobre isso alguém escreveu:

> Quando, na comunidade, reina uma atmosfera muito gélida, pode-se até ficar doente. De fato, a comunicação, o espírito e o amor podem desenvolver-se tão-somente quando se fala dos problemas efetivos, quando há algum intercâmbio em relação às inibições, aos sucessos, às satisfações.[54]

Tornando-se iguais: uma tarefa

O documento *A vida fraterna em comunidade* diz que "o religioso não é só um 'chamado' com uma própria vocação individual. É um 'convocado', um chamado junto com outros com os quais *'compartilha'* a existência cotidiana" (n. 44). Lembre-se à tarefa da animação, "para que a casa religiosa não seja simplesmente um lugar de residência, um aglomerado de pessoas, cada qual vivendo uma história individual, e sim uma 'comunidade fraterna em Cristo'" (n. 50); pois "a comunidade religiosa é o lugar onde acontece a cotidiana e paciente passagem do 'eu' ao 'nós', do 'meu' empenho ao empenho confiado

---

[53] Ibid., pp. 78-79.
[54] GRÜN, A.& SARTORIUS, C. *A onore del cielo come segno per la terra*, op. cit., p. 155.

à comunidade, da busca de 'minhas coisas' à busca das 'coisas de Cristo'" (n. 39).

Esses princípios estão bem sintetizados na Carta Apostólica *Novo millennio ineunte*, a qual convida cada comunidade religiosa a ser "casa e escola de comunhão" (n. 43), a fomentar a comunhão, a promover a missão que deve ser sentida por todos como única e comum. São essas as bases para uma gestão da vida fraterna que seja regulada pelo princípio da igualdade.

O ponto de partida para realizá-la consiste em considerar cada irmão ou cada irmã como dom de Deus à comunidade. Só assim a igualdade será o caminho para aceitar que um religioso e uma religiosa são continuamente chamados a viverem juntos por causa do Reino de Deus. Na experiência cotidiana dos religiosos e das religiosas tudo é vivido em comum: a oração, o trabalho, o estudo, o apostolado, o repouso pessoal e a recreação.

A missão é o eixo central da vida consagrada, é *ser;* ao passo que o apostolado pertence à ordem do *fazer.* A missão é algo permanente; as diversas tarefas apostólicas, enquanto realizações concretas da missão, são transitórias.

Há, com freqüência, uma tensão entre o *ser* e o *fazer.* Mas isso é compreensível, devido aos diferentes critérios de formação com que a pessoa foi iniciada na vida consagrada. O problema é a *competição.* O documento *A vida fraterna em comunidade* cunhou uma resposta programática exaustiva, com a idéia de "sinfonia" comunitária e apostólica que deveria anular qualquer diferença individual, para integrar-se numa existência resolvida.[55]

---

[55] Eis uma série de indicações que o documento *A vida fraterna em comunidade* oferece para sustentar esta idéia: "Para alcançar essa *sinfonia* comunitária e apostólica, é necessário: *a) Celebrar a agradecer juntos pelo dom comum da vocação e da missão*, dom que transcende de muito qualquer diferença individual e cultural. Promover uma atitude contem-

O coração da "sinfonia" é a *comunhão*, palavra rica de significado e de valores.[56] Nesse sentido, pode-se afirmar que o "bem-estar" favorece a comunhão, pois atua entre os que vivem a mesma opção de vida teologal, isto é, a comunhão com o Pai por meio do Filho no Espírito Santo. Tem aqui suas origens a igualdade fundamental que caracteriza e unifica todos os membros da comunidade eclesial, que aparece entre os consagrados como comunidade fraterna.

Por conseguinte, a *comunhão* não é o simples resultado de um sistema de opções homogêneas e convergentes ou de uma

---

plativa diante da sabedoria de Deus que enviou determinados irmãos à comunidade para que sejam dom uns para os outros. Louvar a Deus por aquilo que cada irmão transmite da presença e da palavra de Cristo. *b) Cultivar o respeito mútuo com o qual se aceita o caminhar lento dos mais fracos e, ao mesmo tempo, não se sufoca o desabrochar de personalidades mais ricas.* Um respeito que favorece a criatividade, mas que também sabe fazer apelo à responsabilidade e à solidariedade para com os outros. *c) Orientar para a missão comum:* cada instituto tem sua missão para a qual cada um deve colaborar de acordo com os próprios dons. O caminho da pessoa consagrada consiste justamente no consagrar progressivamente ao Senhor tudo aquilo que tem e tudo aquilo que é para a missão de sua família religiosa. *d) Lembrar que a missão apostólica está confiada, em primeiro lugar, à comunidade e que isso, muitas vezes, comporta também a direção de obras próprias do instituto.* A dedicação a tal apostolado comunitário faz amadurecer a pessoa consagrada e a faz crescer em seu peculiar caminho de santidade. *e) Ter em mente que todo religioso, quando recebe da obediência missões pessoais, deve considerar-se enviado pela comunidade.* Esta, por sua vez, cuide de sua atualização regular e os integre na avaliação dos trabalhos apostólicos e comunitários" (n. 40). [Grifos do autor.]

[56] A palavra "comunhão" aparece 19 vezes no NT. Pode surpreender que não apareça nos Evangelhos. Contudo, não poderia ser encontrada, mais ou menos escondida, por traz do conceito de "reino", tão utilizado pelo próprio Jesus? Com efeito, o Reino de Deus está relacionado, de um lado, com a realidade de uma comunhão salvífica entre Deus e o ser humano, por meio de Cristo e, de outro, com a nova comunidade à qual dá origem. O termo "comunhão" aparece 112 vezes nos documentos do Vaticano II, e o termo "comunidade", 183 vezes.

Vós sois todos irmãos e irmãs...

ação meramente coordenadora e programática; ela é uma paixão para harmonizar, e qualificar a existência, sob todos os pontos de vista. É uma etapa determinante, pois quem não entra nessa visão de existência consagrada corre o risco de navegar em águas perigosas, onde não existe vida. Quem administra o cotidiano com as categorias da competição, do julgamento alheio, do pânico ou da cólera, vive mal e cria desarmonia e desorientação.

As palavras do documento *A vida fraterna em comunidade* não só abrem os horizontes da vida fraterna, mas endereçam à vida real, à capacidade de uma opção forte, motivada, continuamente submetida à graça divina. A pessoa não pode separar o fato de ter sido chamada a viver junto com outras, a contribuir para dar uma resposta que honra o amor eterno, que prefere a comunhão e exalta a unidade.

É claro que ninguém pode fazer essa escolha em lugar de uma outra pessoa, e que ninguém deve sacrificar as próprias potencialidades, os desejos que cultiva no coração e a vontade de construir. Louvar e agradecer "juntos" pelo dom comum da vocação[57] é contribuir para enriquecer a vida, e torná-la mais bela.

O evangelho de Lucas, quando nos apresenta Marta (10,38-42), evidencia a sua incapacidade de escolher, porque completamente absorvida pelos seus múltiplos serviços. Sente-se mal pelo tempo que Maria dedica a Jesus. Marta está inquieta, em busca de uma tarefa. É o objetivo que todos perseguem! Marta está impaciente; nem ela mesma sabe o que quer. Por esse motivo, pede a Jesus que intervenha junto a sua irmã para que a ajude. A atitude de Jesus é clara: não aceita essa provocação. Por isso, delicadamente leva-a a tomar a vida nas próprias mãos, a não ter reações imediatas: "Marta, Marta! Tu te preocupas e andas agitada com

---

[57] Cf. *A vida fraterna em comunidade*, n. 40.

muitas coisas. No entanto, uma só é necessária. Maria escolheu a melhor parte e esta não lhe será tirada" (Lc 10,42).

Por um lado, as palavras de Jesus convidam a não olharmos exclusivamente para nós mesmos, para nossa direção, mas a ampliarmos os horizontes e, de outro, a fazermos opções de comunhão. Ele ajuda-a a mudar o eixo da atenção de Maria para Jesus, e de Jesus para a humanidade. Por conseguinte, a comunidade religiosa não cessa de indicar, a todas as pessoas, de forma discreta, mas eficaz, que há um caminho aberto que desemboca para todos na fraternidade universal, acima de todas as diferenças étnicas, geográficas, culturais, políticas, econômicas, sem egoísmos nacionalistas ou partidários, sem manipulações indignas das pessoas e dos grupos.

Na exclamação de Adão diante de Eva: "Desta vez, sim, é osso dos meus ossos e carne da minha carne" (Gn 2,23), percebe-se a idéia do *eu* no *tu*. Descobre-se, na parte mais viva do ser, a satisfação de uma plenitude segura, que vence finalmente a solidão, descobrindo-se numa verdadeira comunhão. Dir-se-ia que o *nós* da comunhão nasce sem o egoísmo próprio do individualismo.

Nessa visão, o consagrado e a consagrada são chamados a *viver com os outros,* estabelecendo com eles relacionamentos de igualdade fundamental, de complementaridade e de fraternidade. *Vocação* e *missão* é uma entrega contínua aos outros, numa busca contínua de tudo o que possa fazer bem aos outros.

Conclusão

"Às águas tranqüilas me conduz. Restaura minhas forças, guia-me pelo caminho certo, por amor do seu nome" (Sl 23,2-3). "Se eu tiver de andar por vale escuro, não temerei mal nenhum, pois comigo estás. O teu bastão e teu cajado me dão segurança" (Sl 23,4).

São esses os princípios que resumem o itinerário proposto, na consciência de que cada religioso e cada religiosa devem trabalhar exclusivamente pelo *Reino de Deus,* apesar das experiências de *bem-estar* e de *mal-estar,* a fim de que o ser *irmãos e irmãs* não seja um sonho, e sim uma estratégia vencedora.

Os caminhos do *definir, governar* e *acompanhar* sejam as aspirações projetuais para aliviar os sofrimentos inúteis das relações interpessoais, para cultivar o prazer de viver juntos, a fim de poder dizer com Evágrio, o Pôntico (IV século), que um religioso ou uma religiosa

> vive separado(a) de tudo e unido(a) a tudo;
> impassível e com sensibilidade soberana;
> deificado(a) e se julga a escória do mundo.
> Acima de tudo, ele(ela) é feliz,
> divinamente feliz!

2

Liderança e gestão
dos recursos humanos

Giuseppe Crea

Ser eleito superior não significa, simplesmente, ter chegado à meta, tê-la conquistado, ser capaz de resolver os problemas presentes na própria comunidade. O serviço da autoridade é um lento e fatigoso caminho de crescimento progressivo, mas diferentes situações nas quais o superior se vem a encontrar, em sintonia com as pessoas que, na comunidade, se abrem para compartilhar as próprias alegrias e dificuldades, no contexto relacional específico que é a vida de fraternidade. Nesse âmbito, o superior é uma pessoa que cresce com o grupo, está habilitado a conhecer as exigências dos indivíduos e orienta em função dos objetivos que o grupo se propõe.

Com essa perspectiva, não tem sentido falar de superiores "capazes" ou de superiores "incapazes". "Quando penso nas mil coisas a serem feitas em comunidade" — dizia uma superiora durante uma sessão de formação — "sinto-me realmente mal: com tantas responsabilidades, não sei, de fato, por onde começar". São muitas as justificativas para se assustar alguém diante dessa missão tão pesada, justamente porque é um serviço que empenha totalmente a pessoa que detém a autoridade. Mas empenha também todo o grupo entendido como laboratório de crescimento comum.

Cada superior ou cada superiora, porém, traz consigo algumas potencialidades e capacidades básicas com as quais pode chegar a viver, de modo autêntico, o relacionamento com as pessoas da comunidade, usando sábia e construtivamente suas capacidades cognitivas e seu mundo emocional, para que o serviço esteja em função do crescimento de toda a comunidade.

A autoridade realizadora de unidade é aquela que se preocupa em criar o clima favorável para a partilha e a co-responsabilidade, que suscita a contribuição de todos para as coisas de todos, que encoraja os irmãos a assumirem as responsabilidades e os sabe respeitar, que "suscita a obediência dos religiosos, no respeito à pessoa humana", que os escuta de bom grado, promovendo sua concorde colaboração para o bem do instituto e da Igreja, que pratica o diálogo e oferece oportunos momentos de encontro, que sabe infundir coragem e esperança nos momentos difíceis, que sabe olhar para frente a fim de indicar novos horizontes para a missão. E ainda: uma autoridade que procura manter o equilíbrio dos diversos aspectos da vida comunitária. Equilíbrio entre oração e trabalho, entre apostolado e formação, entre empenhos e repouso.[1]

Por conseguinte, cada superior precisa de uma condição de formação pessoal contínua para ter consciência de si mesmo e das pessoas que lhe estão ao redor. Poderíamos dizer que se trata de um caminho de conversão permanente, o qual ajuda a integrar o próprio "Eu" com o "Nós" comunitário, a fim de aprender a "ser" com o outro mais do que "fazer" no lugar dele, de modo que influencie e guie a pessoa de forma positiva. Ao mesmo tempo, o seu papel o leva a confrontar-

---

[1] *A vida fraterna em comunidade*, n. 50.

se com uma realidade pessoal e de grupo que nem sempre corresponde ao ideal de comunidade que ele pensava dirigir. Eis, portanto, que, junto com as responsabilidades a assumir e levar adiante, encontra-se também o enfrentamento de situações complexas, de decisões difíceis a tomar, de conflitos interpessoais dentro da comunidade, situações nas quais às vezes é difícil dar respostas claras que ajudem as pessoas a viverem em comunhão.

Isso pode levar o líder a se sentir estressado e cansado por tantas questões vindas do ambiente em que vive. É o risco do *burnout* [esgotamento], síndrome que interessa a todos os agentes que fazem do seu serviço um dom de amor pelas pessoas às quais se dedicam, como acontece justamente com os superiores.

Falaremos disso neste capítulo, no qual queremos examinar, com um corte eminentemente psicológico, as problemáticas emergentes no serviço da autoridade, prestando atenção particularmente à aproximação formativa da interação entre superior e comunidade.

Muitas vezes, quando se fala de formação de líderes e de superiores, logo se pensa nos dotes ideais e nas melhores capacidades que uma pessoa deveria ter para ser eficaz no seu serviço. Nestas páginas, falaremos das condições e das competências ideais, mas como parte de um processo evolutivo no qual os que são chamados a viver o serviço da autoridade se sentem protagonistas conscientes dos dons recebidos e, portanto, capazes de redescobri-los também nas pessoas que fazem parte da sua comunidade. Por conseguinte, focalizaremos a atenção, nos recursos presentes, tangíveis, às vezes também difíceis de serem acolhidos, mas certamente possíveis de serem percebidos, a fim de que cada superior possa discerni-los e valorizá-los para continuar a caminhada comum, na realização do projeto que unifica e dá sentido à vida comum.

Isso tudo nos mostrará como o serviço da autoridade não é algo de magicamente pré-fabricado, que se pode obter com algum curso de formação ou com outras considerações piedosas mais ou menos espiritualizantes. Ele é um dom que o superior acolhe em sua vida de consagrado, com o qual se empenha no caminho de crescimento, visando os ideais que são comuns a toda a comunidade.

Desse modo, com a sua ajuda autorizada, as pessoas estarão habilitadas a ler as muitas realidades presentes na vida cotidiana, e a discernir os dons que Deus põe à disposição delas, para vivê-los como sinal da sua presença divina na comunidade.

Algumas condições ponderadas da relação de autoridade

É importante sublinhar que o serviço da autoridade tem um valor existencialmente relacional, pois se realiza por meio da afinidade entre pessoas que se relacionam. Não existe um superior sem os outros da comunidade, justamente porque o seu é um trabalho de comunhão e com capacidade de direção pela qual ele integra as "diversidades" que existem, em vista de um objetivo comum.

Por isso, ele precisa de uma constante capacidade distintiva e ponderada: não age como um *especialista* solitário pronto a resolver todo tipo de problema que se apresente na comunidade. Ao contrário, é um facilitador de processos interativos positivos. Por conseguinte, é chamado a "mediar" as diversas situações e realidades que emergem no grupo. Daí a importância de se considerar a interdependência entre superior, grupo e contexto como uma realidade processual e dinâmica, onde as intervenções do líder são interpretadas à luz da interdependência entre as diversas partes presentes na comunidade, em vista de uma progressiva co-responsabilidade para cooperar para o bem comum. Com essa ótica, levar em consideração algumas variáveis do estilo autorizado do líder quer dizer destacar tanto as qualidades processuais do seu envolvimento no grupo, como o relacionamento da comunidade com ele, numa reciprocidade de crescimento harmonioso no qual cada um se envolve para o crescimento do irmão.

Isso significa que o estilo interativo do líder funda-se em valores empáticos, como o respeito, a consideração do outro e o sentido de responsabilidade, que são elementos indispensáveis para uma efetiva humanização dos seus relacionamentos com a comunidade.

Esse trabalho de conversão recíproca empenha superior e comunidade a redescobrirem as riquezas e os recursos que existem, para realizar os projetos comuns, para tomar iniciativas responsáveis, para oferecer contribuições pessoais etc. Se, da parte da comunidade, essa reciprocidade exige revisão e adaptação contínuas dos relacionamentos interpessoais, da parte do superior exige que suas intervenções estejam alinhadas à liderança autorizada e amável, que parta da observação ponderada das diferentes realidades que existem, e facilite uma contínua conversão recíproca entre as pessoas. Nesse sentido, o seu modo de viver com os outros será "eficaz" na medida que consegue apreciar a alteridade como um dom de Deus, e, por conseguinte, não segundo os seus próprios projetos, ou suas expectativas, e sim segundo a perspectiva da comunhão evangélica (At 2,42).

Com esse estilo de autêntica disponibilidade à ação de Deus, o superior é chamado a tomar consciência das diferentes dimensões que existem. Embora desempenhando suas funções indicativas e normativas, ele funciona como facilitador, não tanto porque trabalha *pela* comunidade, mas porque se envolve *com* a comunidade para enfrentar e resolver os problemas, valorizando os recursos individuais, promovendo o possível diálogo na interação, estimulando a co-responsabilidade na consecução das metas pessoais e comuns.

O estilo autorizado e facilitador da liderança não brota magicamente do poder de status ou de função, mas do trabalho assíduo e constante de pessoas empenhadas num caminho de relações autênticas. Esse caminho caracteriza-se pelas qualidades processuais de apoio, de tranqüilidade racional, de suporte emocional, de capacidade de afirmação, características todas indispensáveis para construir responsavelmente um contexto comunitário no qual as pessoas aprendem a se amar e se valorizar como irmãos.[2]

Atenção à "situação"

Muitos estudiosos de psico-sociologia sublinharam que a ação do líder em um grupo significativo — como a comunidade religiosa — refere-se às situações, às necessidades e aos objetivos do grupo, e é função dos valores e das atitudes que caracterizam os indivíduos que vivem juntos.[3]

A atenção às situações acentua as variáveis reais da relação de autoridade. É importante, portanto, que o superior saiba imergir-se na realidade cotidiana que o grupo enfrenta, estimulando as pessoas a cumprirem as próprias metas e a caminharem para elas, de modo harmonioso e eficaz. Sua tarefa de guia precisa de uma capacidade ponderada para captar as diferentes situações e potenciar os diversos elementos que, nas

---

[2] Cf. *A vida fraterna em comunidade*, n. 7.
[3] SCILLIGO, P. *Dinamica di gruppo*. Torino, SEI, 1973. p. 275.

comunidades, podem contribuir para o bem-estar comum e o crescimento do grupo todo.

Se o trabalho de governar estabelece uma relação com a comunhão e a comunidade, aquele que o exerce não deve se esquecer que é chamado a acompanhar cada irmão e cada irmã que o Senhor lhe confiou, graças a uma relação fraterna e pessoal, caracterizada pela simpatia, pela confiança e pelo sentido de diálogo.[4]

Para isso, é preciso que o líder considere os acontecimentos que surgem na própria comunidade no significado que eles têm para o grupo, e participe, com a sua história e as suas características pessoais, com os seus valores e os seus defeitos, das vicissitudes da fraternidade.

Para tornar fecundo esse empenho situacional é preciso um salto de qualidade, uma mudança de marcha, um nível diferente de envolvimento recíproco que lhe permita agir positivamente num processo contínuo de reavaliação das potencialidades pessoais e dos recursos alheios, a partir das situações concretas nas quais todos estão vivendo, para chegar a construir realmente aquele "Nós" comunitário que é fonte inexaurível de comunhão fraterna, fundado na comunhão em Cristo Jesus.

Para chegar a isso, é indispensável, então, que o superior tenha a capacidade de perceber as dinâmicas interpessoais feitas de ações e de reações recíprocas, para relevar os potenciais recursos que existem, em si mesmo e nos outros, e para avaliar quais os comportamentos a adotar a fim de chegar a verdadeiras

---

[4] GONZÁLEZ SILVA, S. (ed.). *Star bene in comunità*. Milano, Àncora, 2002. p. 87. Cf. também GONZÁLEZ SILVA, S. *Guidare la comunità religiosa*. Milano, Àncora, 2002.

e autênticas modalidades cooperativas de liderança.[5] Sua tarefa é favorecer a tomada de consciência do que se vive na comunidade, facilitando o desenvolvimento dos recursos pessoais e interpessoais, para que cada membro se envolva ativamente na gestão das diferentes situações que caracterizam a vida comum.

A riqueza da alteridade e das diferenças recíprocas

Daquilo que sublinhamos até agora brota claramente que a função da liderança numa comunidade religiosa não é passiva; ao contrário, é uma tarefa ativa e envolvente, porque mobiliza as pessoas a serem propositivas em suas interações. Isso significa que o líder se faz presente como pessoa capaz de captar as diferentes realidades, em vista de uma melhor funcionalidade dentro do grupo, harmonizando a confiança em si mesmo e em suas decisões, com as situações, expectativas e necessidades das pessoas da comunidade.

Seu dever é estar disponível para responder positivamente às exigências de proximidade, de atenção, de calor afetivo, que as pessoas, que lhe são confiadas, manifestam. Mas também ser capaz de diferenciar as diferentes exigências, discerni-las de modo positivo e sem pré-julgamentos e preconceitos os quais prejudicam o respeito recíproco. É importante, por isso, que ele seja sensível aos diferentes "sinais" que aparecem na comunidade, e esteja atento às pessoas, às suas exigências, às suas "diferenças" e, portanto, também aos novos desafios interpessoais que surgem no cotidiano da vida fraterna.

"Temos sorte, em minha comunidade: a superiora está sempre presente, sobretudo quando não está" — confiava uma Irmã

---

[5]   SCHIETROMA, S. & MASTROMARINO, R. "Teorie e ricerche sulla leadership". In: *Psicologia, Psicoterapia e Salute* 7, 2001, 3, p. 378.

durante uma conferência. Convidada a explicitar melhor a sua afirmação aparentemente paradoxal, sublinhava que o caráter atento e sensível da sua superiora imprimia um sinal positivo na vida do dia-a-dia da comunidade. Por isso, mesmo quando ela se ausentava por razões de trabalho, os membros da comunidade continuavam a usar suas qualidades comuns de modo estruturado, mas também respeitando as riquezas individuais.

O apoio eficaz do líder é dado pela sua presença significativa e constante e pela sua habilidade em "superar o egocentrismo potencial e o preconceito defensivo a fim de elaborar um juízo cuidadoso"[6] e entrar em comunhão empática com as pessoas que lhe são confiadas.

Essa atitude não se refere apenas à presença física (também ela necessária[7]), mas diz respeito, sobretudo, à atitude amável e autorizada que permite aos indivíduos "exprimir-se" e diferenciar-se em suas diversidades, em suas exigências, em seus comportamentos, e, ao líder, encaminhar o grupo para o projeto comum, mediante sinais concretos (feitos de ações, palavras, conselhos, decisões, silêncios...) da sua orientação clara e eficaz. Essa disponibilidade ponderada permite aos irmãos consolidarem a idéia de um superior como pessoa disponível a responder positiva e coerentemente às próprias exigências, mesmo em situações difíceis e problemáticas, e alimenta nas pessoas a consciência de serem

---

[6] Ibid., p. 288. Cf. também González Silva, S. (ed.). *Star bene*, op. cit., p. 88.

[7] A presença física do superior é importante, pois às vezes a sua ausência mais ou menos justificada pode alimentar a dependência recíproca e a irritação do grupo. Por exemplo, numa comunidade onde o superior jamais está presente por causa das suas atividades externas, as pessoas podem dispersar suas energias em múltiplas atividades dentro e fora da comunidade, propondo, novamente, de maneira especular, a mesma atitude do superior.

dignas de amor e de valor.[8] Assim sendo, superior e comunidade compartilham a visão fundamental da própria identidade e do próprio relacionamento recíproco, e harmonizam suas diferenças naquele espaço representativo no qual podem se reconhecer como amáveis, embora na diversidade das competências, mas relações cheias de significado e de valor.[9]

Assim, com essa perspectiva inter-racional, a função da liderança não é mais a de distribuir soluções às exigências ambientais e de grupo, nem, muito menos, a de criar relações de superioridade-inferioridade, mas a de focalizar a atenção sobre as "partes" presentes na comunidade para que os recursos possam emergir e o processo de crescimento desenvolver-se.

Por exemplo. Numa comunidade religiosa, algumas irmãs estão revisando os próprios trabalhos no campo da pastoral (figura 1).

Figura 1 – Envolvimento diferenciado do líder de comunidade

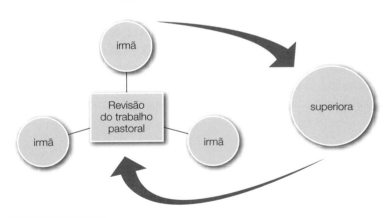

---

[8] LIOTTI, G. *La dimensione interpersonale della coscienza*. Roma, Carocci, 1998. pp. 68-69.

[9] FRANTA, H. *Relazioni sociali nella scuola. Promozione di un clima umano positivo*. Torino, SEI, 1985. pp. 26-27.

Suponhamos que, depois da discussão, elas tenham chegado a um acordo sobre o modo de organizar as diversas atividades. A superiora toma conhecimento da revisão, e até participa da primeira fase programática, mas deixa os membros do grupo trabalharem para que cheguem a uma definição que corresponda às suas exigências, como também ao conhecimento do problema. Podemos chamar essa atitude de "envolvimento diferenciado": ela está consciente do que acontece na comunidade, mas sabe manter um distanciamento útil para que as pessoas façam emergir os próprios recursos, embora sabendo que, no final, poderão chegar a opções diferentes em relação às efetuadas anteriormente no campo pastoral.[10]

Imaginemos, porém, que um membro do grupo de revisão dos trabalhos pastorais vá até a superiora para que esta aprove questões que — ela sabe — pode resolver sozinha. Nesse caso, é interpelada (mediante o pedido da irmã) a envolver-se na questão da revisão pastoral, mas deve decidir, sobretudo, como dar uma resposta ao pedido da irmã, embora salvaguardando o seu distanciamento em relação ao trabalho de revisão da pastoral.

Num primeiro momento, a superiora poderia perceber essa interferência como "perda de tempo" e a sua relação com a irmã como "dependência". Isto indica que acha tal comportamento inaceitável e "aborrecido". Daí a sua dificuldade em decidir se deve responder à necessidade da irmã, ou se deve exprimir sua insatisfação quanto ao comportamento de dependência da outra. Normalmente, levada pelas muitas coisas que tem a fazer, sua primeira tentação é dar uma resposta imediata, sem pensar muito a respeito. Nesse caso, a superiora pode optar por dizer à irmã que não tem tempo, ou remetê-la ao grupo de revisão dos trabalhos pastorais. Suponhamos, porém, que possamos inter-

---

[10] GORDON, T. *Lider efficaci*. Molfetta, Edizioni Meridiana, 1999. p. 27.

romper, por um momento, o "filme das seqüências relacionais" entre superiora e irmã. Podemos chamar a atenção da superiora, pedindo-lhe que tome consciência do que está acontecendo nela (por exemplo, poderia perceber que está irritada e aborrecida), e daquilo que está vivendo a irmã que se dirigiu a ela (no nosso exemplo: a irmã explicita a necessidade de ser ajudada).

Bem sabemos que nem sempre é possível parar para pensar antes de reagir, e acontece que a consciência de si e do outro passa para um segundo plano. Com esse exemplo, porém, quer-se chamar a atenção para o seguinte: antes de dar respostas e soluções, o líder sempre tem a possibilidade de escolher entre diferentes opções; e, entre essas, também a de "perceber" a situação que está vivendo, em nível intrapsíquico e emocional.

Já sublinhamos anteriormente a importância de uma consciência saudável como premissa para a atenção significativa no relacionamento com os outros.[11] Portanto, antes de chegarmos a uma conclusão, neste exemplo como em outras situações semelhantes, é fundamental que quem exerce a autoridade saiba relevar o que está acontecendo para perceber que existem múltiplas alternativas diante de si, de forma que a sua resposta possa ser respeitosa de si (isto é, da própria realidade cognitiva e emocional) e da vivência experiencial do outro.

Isso quer dizer que o superior é chamado a levar em consideração os muitos fatores que possam influenciar as suas decisões. Por exemplo, pode acontecer que ele se sinta mais aceito diante de pessoas com as quais está em maior sintonia, e menos com quem tende a ter atitudes de desafio e de competição.[12]

---

[11]   Poli, G. F.; Crea, G. & Comodo, V. *Stili di leadership e vita consacrata*. Roma, Rogate, 2003. p. 73.

[12]   Gordon, T. *Lider efficaci*, op. cit., p. 28.

Em qualquer circunstância, porém, sua função de líder interpela-o a se relacionar com a diversidade das pessoas ou das situações que se apresentam na vivência cotidiana, a fim de estabelecer um entendimento empático, premissa indispensável para que o outro possa confiar em sua liderança. Essa atitude de reciprocidade é importante no relacionamento entre aquele que orienta e a comunidade, particularmente nas situações de maior complexidade que, às vezes, o superior deve enfrentar, quando há comportamentos com a presença de uma condição problemática, sobretudo se as pessoas do grupo não são capazes de satisfazer as próprias necessidades ou se vivem seus relacionamentos de forma conflitual. Há, em geral, diversos comportamentos verbais e não verbais, que indicam a presença dessas condições, como: mal-humor, nervosismo, suscetibilidade, irritação, reclamações constantes. Diante disso tudo, a função essencial do líder é, uma vez mais, a de perceber as realidades presentes, deixando-se interpelar por esses sinais e até pelas diversas situações que encontra no contexto comunitário, preocupado não tanto em dar "receitas resolutivas" para cada problema, mas, sobretudo convencido de que a sua atitude de escuta e de acolhida do outro facilitará a disponibilidade recíproca de reconhecer as respectivas competências e de empregá-las para resolver as situações.[13]

Da pluralidade das situações comunitárias à gestão dos recursos

Dado que uma comunidade reúne pessoas diferentes quanto a idéias, temperamento, formação, é bastante normal que nela existam condições interpessoais de tensão e conflito, os quais podem desenvolver-se tanto entre os indivíduos como também

---

[13] González Silva, S. (ed.). *Star bene*, op. cit., p. 89.

entre um indivíduo e todo o grupo, ou mesmo entre o líder e o grupo, ou ainda, entre os subgrupos que existem na comunidade. Em todo caso, as tensões ativam um sentido de mal-estar pessoal e coletivo, e a atitude que surge espontânea em uma liderança preocupada em gerir os conflitos com respostas resolutivas, em sentido único, é suprimi-las ou negá-las, sobretudo num contexto relacional onde, por definição, as pessoas são chamadas a se querer bem e a se amar como irmãos e irmãs.

No entanto, vários estudos sobre as relações interpessoais sublinham que a presença de tensões nem sempre equivale à insatisfação na relação. Pelo contrário, parece certo que, numa relação significativa entre pessoas, os métodos usados para resolver os conflitos sejam importantes. O problema, portanto, não está tanto na ausência ou na presença de situações de conflito nos grupos, quanto, sobretudo, no modo com que as pessoas sabem envolver as próprias energias para reconhecer e valorizar as competências recíprocas, para reformular os contrastes, de modo construtivo, para a relação comunitária.[14]

> Daí se deduz que os contrastes originados no grupo não devem ser sufocados ou, pior ainda, negados, mas geridos, atenuando-os e humanizando-os. Eles, na verdade, permitem tomar consciência da realidade, melhorá-la, inová-la, contribuindo, de modo significativo, para o bem-estar e o bem-estar do próprio grupo. O líder é chamado a reconhecer os desentendimentos que se criam no grupo e a enfrentá-los de maneira tal que reduza as perdas ao mínimo e leve os ganhos ao máximo. Por outro lado, essa capacidade de gestão não se improvisa, mas exige conhecimentos, experiência e um nível suficiente de treinamento.[15]

---

[14] GORDON, T. *PET: Parent Effectiveness Training*, New York, Wyden, 1974.

[15] BECCIU, M. & COLASANTI, A. R. *La leadership autorevol*. Roma, Nuova Italia Scientifica. 1997. p. 67.

As tensões interpessoais, portanto, nem sempre são destrutivas para o grupo. Antes, elas são parte inevitável das relações dentro de um grupo significativo.

O conflito é um fenômeno natural. Ele surge, ao menos em parte, das diferentes percepções das pessoas. Os modos diferentes com que as pessoas percebem a própria existência justificam opções alternativas. Se não existissem opções, não existiram conflitos [...]. A resolução de um conflito é um caso particular da atividade de tomar decisão/solução dos problemas. A resolução efetiva dos conflitos leva ao crescimento pessoal e relacional. Um conflito não resolvido interfere necessariamente na satisfação da interação.[16]

A importância das condições de conflito na comunidade é dada pelo próprio significado do conflito. Ele é, na verdade, funcional ao grupo na medida em que estimula os diversos componentes relacionais para o crescimento comum construtivo, mais do que desagregador, tendo presente que toda relação envolvente e significativa, como a das comunidades religiosas, apresenta algumas áreas de negociação interpessoal e aspectos de hostilidade.[17]

Por isso, acentuar a função potencialmente produtiva e positiva do conflito leva o líder a reconhecer as tensões e a

---

[16] STRONG, J. R. "A marital conflict resolution model: redefining conflict to achive intimacy". In: *Journal of Marriage and Family Counseling* 1, 1975, p. 270.

[17] De acordo com o que foi observado por Manenti, em seu livro *Vivere insieme,* a vida comum num grupo significativo precisa, junto com o crescimento nos valores comuns, também de uma educação à "sociabilidade". Tal formação explicita-se mediante referências práticas e das relações recíprocas que, quando modeladas ao redor da finalidade do grupo, permitem também que as situações de conflito sejam momentos de crescimento comum (MANENTI, A. *Vivere insieme.* Bologna, Edizioni Dehoniane, 1991. p. 42. Cf. também CUSINATO, M. *Psicologia delle relazioni familiari.* Brescia, Il Mulino, 1988. pp. 253-255).

confrontar-se com elas, graças à sua presença atenta diante das pessoas e de si mesmo, sem falsos pudores, e sim com um sadio realismo mesmo diante das dificuldades comunitárias. Isso exige uma capacidade fundamental de mediação entre si e o outro, entre suas vivências e as vivências do grupo, entre suas certezas e as pretensões, necessidades, expectativas do grupo. Em outras palavras, exige um processo de modelação recíproca, num espaço relacional autêntico, que permite a ambos (superior e membros da comunidade) fazerem emergir seus recursos e assumir sobre si a responsabilidade de empregá-los pelo bem de todo o grupo.

Captar as tensões presentes entre hostilidade e competição

Os conflitos normalmente geram sentimentos de hostilidade os quais, porém, em nome do bem comum, podem ser suprimidos.

> Há, pois, certos termos que se aproximam ao de conflito, sendo usados de modo substitutivo ou unitivo, mas que têm significados um tanto diversificados. Lembremos, antes de tudo, o termo *hostilidade*. Quando, por um motivo qualquer, os membros de um grupo ou de uma família têm a sensação de desprazer ou de antipatia recíproca, freqüentemente essa experiência é chamada de conflito.[18]

A hostilidade nem sempre vem junto com comportamentos explícitos de rancor. Muitas vezes, ela se manifesta de maneira sutil e velada, sobretudo nos contextos nos quais as relações são estereotipadas mediante o ideal da dedicação recíproca. Sua supressão direta nem sempre melhora a situação, quando existem tensões entre as pessoas. Por exemplo, um superior que se "impõe" com sua autoridade, para que as pessoas busquem

---

[18] CUSINATO, M. *Psicologia delle relazioni,* op. cit., p. 229.

a concórdia na comunidade, poderia perceber que a hostilidade sedada transforma-se em outros comportamentos disfuncionais. Se as pessoas envolvidas em relacionamentos pouco claros e difíceis sentem-se inseguras quanto a esse comportamento, podem suprimir os sentimentos hostis usando todos os meios para evitar a hostilidade aberta, vivida como inaceitável numa comunidade religiosa e, em todo caso, destrutiva para os relacionamentos. Contudo, ao mesmo tempo, acumulam-se ressentimentos, ansiedade, insatisfação, sofrimento; assim, deteriora-se o relacionamento, diminuem o interesse e a disponibilidade recíprocos, mesmo se aparentemente os relacionamentos continuem parecendo harmoniosos.[19]

O que, na realidade, ameaça o equilíbrio de uma estrutura comunitária não é o conflito enquanto tal, mas a própria rigidez da estrutura, sobretudo quando as pessoas se enrijecem em posições ideais quanto a regras e normas, e se mostram intolerantes quanto às exigências dos outros, dando lugar a uma grande hostilidade subentendida e "não expressada". Quanto mais ela for reprimida, tanto mais perigoso tornar-se-á o conflito, quando este se manifestar.

Ignorando ou negando os sentimentos não fazemos senão reforçá-los e dar-lhes mão livre. Sentimentos reprimidos de ciúmes geram críticas, tristeza, falta de cooperação, comportamentos negativos. Podem causar muito mal porque estão escondidos e, portanto, são incontroláveis.[20]

Com o passar do tempo, porém, as pessoas podem viver relacionamentos insatisfatórios e cansativos que geram eternas

---

[19] CREA, G. et al. "La relazione tra alessitimia e tratti non patologici della personalità in studenti di scuola superiore". In: *Orientamenti Pedagogici* 49, 2002, 5, p. 849.

[20] VALLES, C. G. *La comunità croce e delizia*. Roma, Paoline, 1995. pp. 50-51.

desconfianças em si mesmas e nos outros.[21] Isso acontece, sobretudo, quando se instauram comportamentos competitivos nos quais se vive um relacionamento de força entre as pessoas.

Também o termo *competição* é freqüentemente usado como sinônimo de conflito. Também nesse caso, o líder é chamado a dar respostas que sejam funcionais para o crescimento das pessoas. É oportuno sublinhar que a competição protelada pode levar a situações de incomunicabilidade que corroem os relacionamentos entre as pessoas. Com efeito,

> a competição implica oposição nas finalidades de partes independentes, de modo que a probabilidade de alcançar a finalidade por parte de um é inversamente proporcional à probabilidade do outro. No conflito que se segue à competição, as ações incompatíveis refletem finalidades incompatíveis. O conflito, porém, pode ser aceso mesmo quando não houver qualquer incompatibilidade de finalidade, percebida ou real.[22]

Dessa forma, se duas pessoas não concordam sobre como passar mais tempo na comunidade, mas ambas não têm nenhuma intenção de limitar seus trabalhos externos para estarem mais presentes, elas têm finalidades competitivas que se excluem reciprocamente, uma vez que sua finalidade não é a mesma, e o acordo entre elas será muito mais complexo e difícil de ser alcançado.

Hostilidade e competição em um grupo parecem ser, definitivamente, as coordenadas que delimitam as atitudes desagregadoras entre as pessoas. Para gerir as dinâmicas de conflito que daí derivam não basta manter a situação sob controle, com intervenções que visam aplainar toda dissensão. É preciso, ao

---

[21] COSPES. *Difficoltà e crisi nella vita consacrata*. Leumann, Elle Di Ci, 1996. p. 87.

[22] DEUTSCH, M. "Conflicts: productive and destructive". In: *Journal of Social Issues* 25, 1969, 1, p. 8.

contrário, principalmente individuar os componentes do conflito e facilitar o diálogo entre as partes. É esse o serviço ao qual o superior é chamado a prestar, mesmo quando é difícil. Isso significa entrar em contato com as situações mediante o confronto dialógico com os irmãos e as metodologias da escuta ativa, para se chegar "à cotidiana e paciente passagem do 'eu' ao 'nós'".[23] Isso permitirá melhorar os relacionamentos entre as pessoas e a esclarecer constantemente as motivações que fundamentam a vida fraterna na comunidade.

Isso, porém, não quer dizer que quanto maior for o conflito, melhor se viverá em comunidade. Na realidade, parece existir uma relação entre a quantidade de conflitos e o bem-estar do grupo. Se, de um lado, a ausência de conflito interpessoal nos grupos é teoricamente impossível, porque cada relação significativa compreende um confronto entre pessoas "diferentes", de outro, é preciso ter presente que níveis muito elevados de conflitos podem criar graus muito elevados de estresse e de alterações relacionais tão rápidas que influenciam o grupo de modo negativo. Vejamos, agora, mais especificamente, quais podem ser as tipologias de conflito que prejudicam a vida comum, também nas comunidades religiosas, diante das quais o superior é interpelado a ser guia autorizado, porque capaz de orientar, e também amável, porque atento às necessidades das partes em competição.

Alguns tipos de conflitos comunitários

O nosso estilo de vida é altamente competitivo. Somos julgados, em geral, por aquilo que fazemos. E, como queremos ser julgados bem, devemos agir bem. Devemos mostrar os resultados, corresponder às estatísticas e, se possível, estabelecer primados. O meu trabalho será

---

[23] *A vida fraterna em comunidade*, n. 39.

visto baseado inevitavelmente no trabalho dos meus companheiros. Porquanto eu o faça bem, se eles o fizerem melhor, o meu trabalho no confronto resultará perdedor. É assim que o sucesso do meu irmão torna-se uma ameaça para mim, o grupo se torna um rival, e nasce o ciúme.[24]

Às vezes, na comunidade, as pessoas podem viver um estilo de vida interpessoal que deixa espaço para *conflitos de interesse*, pelo que tendem a organizar a própria vida segundo uma "ordem do dia" pessoal. As diferenças dos vários interesses individuais emergem particularmente na vivência cotidiana: por exemplo, quando os irmãos devem escolher um programa de TV, ou quando estabelecer o balanço das despesas comunitárias, ou ainda, quando devem tomar alguma decisão sobre a manutenção da casa, e assim por diante. Não há como evitar esses conflitos habituais.

Merece particular atenção o método usado para fazer *prevalecer os próprios interesses*, isto é, os meios ou as estratégias que as pessoas usam para resolver as eventuais divergências emergentes na comunidade. Duas comunidades podem ter o mesmo nível de conflito em relação a um dos interesses acenados, mas podem apresentar modos diferentes para tratar essas divergências e as conseqüências que delas derivam. Por exemplo, uma comunidade pode resolver a dificuldade relativa à escolha do programa de TV atendo-se a esse princípio: alternar, cada dia, os tipos de programas a serem vistos na TV; outra pode escolher a estratégia da maioria; uma terceira pode chegar a determinar qual o programa a ser visto, graças à esperteza do mais forte.

Quando, porém, numa comunidade, calam-se ou negam-se os conflitos de interesse, ou quando se impede às pessoas de buscarem os fins individuais percebidos como importantes, os membros do grupo podem experimentar uma crescente frustração

---

[24]   VALLES, C. G. *La comunità croce e delizia*, op. cit., p. 46.

que desemboca em sentimentos de hostilidade. Ao contrário, individuando-se estratégias comportamentais que ajudam as pessoas a compartilharem os próprios interesses, mediante comportamentos de confronto relacional, a tensão poderá tornar-se energia positiva para o crescimento interpessoal.[25]

Além dos conflitos de interesse, podemos fazer distinção entre *conflito manifesto* e *conflito latente*. Enquanto os primeiros estão raramente presentes na vida comunitária, os latentes podem aparecer sob várias formas. Algumas discussões, até mesmo banais, escondem, às vezes, alguns contrastes que são muito profundos, camuflados por aquilo que aparece na superfície. Por exemplo, dois religiosos podem iniciar uma discussão sobre o modo de usar o carro para os diversos serviços pastorais. Mas, na realidade, cada qual luta para ser reconhecido como competente no próprio serviço e, portanto, para receber a aprovação tácita por parte da comunidade.

Uma outra distinção entre os diversos tipos de conflitos refere-se ao *conflito expressivo* e o *conflito instrumental*. O primeiro tem por finalidade a expressão direta de uma hostilidade disseminada dirigida ao outro na relação. Ao conflito expressivo contrapõe-se o *conflito instrumental,* ou seja, o meio com que a pessoa tende a alcançar fins reais.

Independente de como os conflitos são vividos, a função facilitadora do líder continua sendo a de mediar a situação por meio de sua presença ativa e empática, porque, em qualquer circunstância comunitária, mesmo a mais difícil, ele é o ponto de referência, enquanto pode facilitar soluções alternativas, ressaltar as energias não expressas, ajudar as pessoas para que ajam, de maneira positiva, em vista da resolução e da construção da vida comum.

---

[25] Cf. Crea, G. "Altruismo vero e mascherato". In: *Testimoni* 5, 2003, p. 9.

As tensões úteis e as desagregadoras

Podemos distinguir duas tipologias de conflitos, a partir da variedade das funções que o conflito pode ter no grupo comunitário, conforme se trate de *conflitos construtivos*, enquanto úteis para ativar energias novas e positivas no grupo, ou de *conflitos destrutivos* pelo seu caráter desagregador, sobretudo quando se referem aos aspectos que fundamentam a fraternidade.

> O conflito pode ser entendido como elemento útil e construtivo, quando assume uma função organizativa das dinâmicas relacionais, ou seja, quando, mediante uma crescente autoconsciência individual e de grupo, facilita a consciência das estratégias possíveis para enfrentar as divergências. Nesse sentido, ele favorece o amadurecimento da identidade e da autonomia, ajudando a pessoa a determinar os limites próprios e os alheios,[26]

e tem uma função vital, porque permite e favorece o surgimento de soluções diferentes e mais satisfatórias para a vida comum.[27]

O superior pode tirar, da atenção positiva aos conflitos, algumas pistas que ajudem a comunidade inteira a crescer em vista dos objetivos comuns. Podemos afirmar, em particular, que o conflito útil permite reforçar o relacionamento entre as pessoas, se elas forem capazes de reconhecer a diversidade de seus pontos de vista e estiverem dispostas a se confrontar por intermédio do líder. Na verdade, esse tipo de conflito "previne a estagnação, estimula o interesse e a curiosidade, torna-se o meio através do qual os problemas podem ser expostos e se chegar à solução. É a base

---

[26] CREA, G. *I conflitti interpersonali nelle comunità e nei gruppi.* Bologna, Edizioni Dehoniane, 2002. p. 41.

[27] CASTELLI, S. *La mediazione.* Milano, Raffaello Cortina Editore, 1999. p. 7.

para a mudança pessoal e social".[28] O conflito consolida, então, a confiança recíproca porque, quando as pessoas se conscientizam de que é possível o confronto construtivo, elas se tornam disponíveis para repetir essa atitude de confiança recíproca. Além disso, podemos sublinhar, que, com o conflito construtivo, os membros da comunidade se apóiam reciprocamente para se chegar a uma criatividade maior na maneira de enfrentar as vicissitudes do dia-a-dia, sustentando a tensão e a atenção interpessoal no consenso de base e na cooperação recíproca.[29]

Ao contrário, reconhecemos os conflitos destrutivos, pelos comportamentos disfuncionais que geram e pelo conseqüente potencial desagregador que têm nos relacionamentos. Eles colocam em questão os princípios que as pessoas não podem renunciar e, portanto, são disfuncionais para o próprio relacionamento. O conflito "pode ser destrutivo sempre que dinâmicas parciais, fora de controle, derem lugar a resultados de dissolução da estrutura global em que se deu o conflito".[30] Os conflitos desgastantes e destrutivos da vida comum são, sobretudo, os que minam a motivação do grupo.[31] A partir disso, pode-se compreender a importância do trabalho do superior, disposto a guiar a comunidade na contínua redescoberta da motivação que fundamenta a vida em comum das pessoas. Quando a sua função de liderança é clara e unívoca, as pessoas que gastam suas energias em relações de conflito podem sair da lógica corrosiva das tensões e restaurar o circuito construtivo que leva a relações eficazes e autênticas.

---

[28] DEUTSCH, M. *Conflicts: productive*, op. cit., p. 19.

[29] EDELMAN, R. *Conflitti interpersonali nel lavoro*. Trento, Erikson, 1996. p. 12.

[30] CASTELLI, S. *La mediazione*, op. cit., pp. 7-8.

[31] CANARY, D. J.; CUPACH, W. R. & MESSMAN, S. J. *Relationship conflict*. Thousand Oaks, SAGE, 1995. p. 106.

Hoje, mais do que nunca, nos relacionamentos interpessoais, o superior é interpelado a interpretar, de maneira inovadora, não só as motivações que levam as pessoas a viverem juntas como também as contradições internas que existem no grupo, ajudando os irmãos a reconhecerem, no outro, não tanto um antagonista, mas um protagonista da relação, importante porque diferente de mim.

O seu trabalho será sempre bastante necessário para integrar positivamente as dificuldades interpessoais no processo de formação e de crescimento grupal, contribuindo, assim, para iniciar mudanças estruturais significativas em vista de novas estratégias para redescobrir o valor permanente da vida comum.

As fontes das tensões

Um aspecto importante que se deve ter presente, para que o superior possa perceber e captar as condições de conflito no próprio grupo relacional, refere-se às fontes do conflito, isto é, ao âmbito no qual se origina o conflito. Podemos distinguir, aqui, entre *instâncias internas* e *instâncias externas*.[32] As primeiras são inerentes à natureza da própria relação, tendo, portanto, caráter de maior proximidade para a relação, com efeitos mais incidentes nela. Por exemplo, numa comunidade podem existir tensões internas quando se devem tomar decisões sobre como distribuir os trabalhos da casa, como utilizar os próprios recursos econômicos, como realizar estruturalmente a vida fraterna cotidiana, os horários internos da comunidade etc.

---

[32] WEATON, B. "Interpersonal conflict: an integrative review". In: *Psychological Bulletin* 73, 1971, p. 42.

As instâncias externas surgem, porém, da participação numa comunidade sociocultural mais ampla e se referem a aspectos mais marcantes em sentido pastoral e de serviço fora da comunidade. Podem existir, então, desacordos mas comunidades quanto ao modo de definir o próprio trabalho fora delas, por exemplo, nas que prestam serviços de caridade, na educação e na formação dos jovens, nas várias emergências pastorais etc.

O líder que se vê enfrentando uma situação interpessoal difícil na própria comunidade deve saber descobrir as diferentes fontes do conflito, pois isso lhe permitirá integrar as várias instâncias, conforme as situações, facilitando o trabalho de síntese entre as partes, como também a consolidação dos laços positivos dentro da própria comunidade. Dessa forma, o consenso sobre os princípios dá ao superior e às pessoas que vivem juntas uma perspectiva comum e a oportunidade de uma identificação recíproca quanto ao projeto comunitário.

O porquê dos conflitos nos contextos comunitários

Todo superior e toda superiora é chamado(a) a viver o próprio serviço de autoridade em uma situação específica de grupo: a sua comunidade.

A comunidade ideal que eu pensava orientar — dizia uma jovem religiosa há pouco eleita superiora — tornou-se a comunidade real em que hoje estou vivendo, na qual existem tantas realidades maravilhosas que enchem o meu coração de alegria, mas também tantos espinhos, dificuldades, amarguras, que devo enfrentar todos os dias.

De resto, a comunidade religiosa, enquanto grupo de pessoas, não está isenta de situações de conflito, quando vive "com pessoas que sofrem, que não estão à vontade na comunidade, e que, por isso, são motivos de sofrimento para os irmãos, perturbando a vida comunitária".[33]

São múltiplas ss razões que contribuem para demarcar as áreas de conflito na vida fraterna. Assim, podemos resumir algumas delas de maneira esquemática:

- Antes de tudo, cada pessoa chega à comunidade com uma própria história pessoal. As dinâmicas do encontro são, portanto, intrinsecamente marcadas pelo grau de maturidade das pessoas e, de modo direto, pela capacidade de manter a própria identidade, abrindo-se à reciprocidade dentro do grupo.

- Além disso, cada uma tem expectativas diferentes em relação aos empenhos próprios e alheios, conforme as expectativas de função, princípios ou valores pessoais.

- Uma terceira razão pode ser identificada pelo sistema de comunicação que se usa entre as pessoas no interior da relação: a falta de comunicação pode provocar conflitos também muito agudos na relação.

- Enfim, não podemos esquecer os assim chamados "conflitos de regras". Além da influência da situação cultural e ambiental da vida comum, o relacionamento comunitário se dá em um contexto de significado elaborado cotidianamente pelas pessoas, mediante o respeito e a aceitação das regras comuns que definem a estrutura organizativa do grupo. Os "conflitos de regras" são aqueles mal-entendidos que, às vezes, surgem no grupo, quanto à estrutura organizativa, sobretudo quando as pessoas não estabelecem critérios comuns claros, compartilhados por todos, a partir dos quais se estabelecem os interesses individuais.

---

[33] *La vita fraterna in comunità*, n. 38.

Perceber as dinâmicas que existem no contexto comunitário quer dizer captar as diferenças relacionais e situá-las num processo de crescimento que envolva cada membro, em vista do bem comum. De resto, uma vez que a convivência comunitária tem como objetivo fundamental não tanto o bem-estar narcisista e autogratificante, mas a tensão contínua e constante para a construção do Reino, aprender a se querer bem como irmãos, na perspectiva interpessoal da vida fraterna, implica a capacidade de distinguir, nas relações comunitárias, a confluência de exigências individuais e de dinâmicas interpessoais, fazendo emergir os recursos presentes na plataforma relacional da comunidade.

Diante dessa situação, o superior tem a tarefa de destacar essas diferentes razões e as tensões que, às vezes, existem, para que, conhecendo o que acontece na própria comunidade, possa adotar estratégias operativas e resolutivas de guia e apoio, a fim de ajudar as pessoas a darem respostas adequadas também nas situações problemáticas. Eis por que, ao tratar dessas diversas razões de conflito, queremos ter presente a importância de uma justa consciência que permite ao líder estar por dentro das situações e, ao mesmo tempo, manter um sadio distanciamento, de modo a ser termo de confronto e mediador entre as dinâmicas disfuncionais, dos recursos presentes e das propostas construtivas que derivam do seu papel, para garantir uma orientação segura nas situações difíceis.

O estresse dos superiores: quando o líder não agüenta mais

Poderia parecer estranho falar de estresse dos superiores, mas é certamente um assunto atual. Também eles podem ficar estressados! Há alguns anos, a revista *Review for Religious* publicou um artigo no qual se sublinhava que até os responsáveis das comunidades, empenhados na difícil tarefa de perceber as diferentes situações que existem, podem cair no estresse e no *burnout*.[34] Quando a sua ação está continuamente vigiada pelos membros da comunidade, sob o fogo direto das críticas dos irmãos ou das irmãs, sob a pressão de contínuas exigências, eles podem sentir-se como que ameaçados em sua integridade psicológica, como se as suas ações fossem constantemente confrontadas com as mil expectativas de quem está ao seu redor. Essa situação torna-se perigosa, quando os impede de colher e explorar novos costumes, novas alternativas que permitam às pessoas experimentarem modalidades renovadas para elaborar quer as tensões das situações problemáticas quer as dinâmicas normais da vida comum do dia-a-dia. A consciência de estarem sendo observados pelas diversas urgências às quais devem responder, mesmo em contexto comunitário não necessariamente persecutório ou crítico, leva-os a avaliar prematuramente os progressos conseguidos e a diminuir a possibilidade de explorar serenamente as diversas exigências que lhes são apresentadas, com a finalidade de dar respostas e soluções adequadas.

Quando o superior deve enfrentar exigências que excedem a sua capacidade de mediação, arrisca-se a ver desgastado o seu entusiasmo de dedicação.[35] A pessoa estressada não se sente segura para experimentar novos comportamentos colaborativos com os outros:[36] põe-se na defensiva, agarra-se a hábitos radicais, refugia-se em decisões tranqüilizadoras, mas que não resolvem

---

[34] BROCKMAN, N. "Burnout in superiors". In: *Review for Religious* 37, 1978, 6, p. 810. (O termo *burnout*, em português, significa "esgotar-se mentalmente". [N.E.])

[35] GINSBERG, S. G. "The problem of burnout executive". In: *Personnel Journal* 53, 1974, pp. 599-600.

[36] COLEMAN, D.; BOYZTZIS, E. & MCKEE, A. *Essere lider.* Milano, Rizzoli, 2002. p. 201.

as situações. O estresse torna-se uma espécie de lenta redução de entusiasmo e de endurecimento emocional progressivo, característico do estado de espírito de quem perde o gosto por sua função e serviço, vivendo tudo como trabalho inútil. Ouve-se dizer, muitas vezes, entre superiores: "não agüento mais, não é o meu lugar"; ou ainda: "escolheram realmente a pessoa errada". Por trás dessas frases esconde-se uma profunda insatisfação relacionada a uma condição de cansaço e de desafeição em relação à tarefa que lhe foi confiada.

O superior em "curto-circuito"

Diante de situações complexas e envolventes que, às vezes, o líder deve enfrentar na comunidade, ele corre o risco de esgotar suas energias interiores e de queimar seus recursos, até acabar em... curto-circuito. De fato, o *burnout* pode ser definido como uma estratégia estressante de adaptação, que tem conseqüências negativas tanto para a pessoa quanto para a organização.[37] Trata-se de uma modalidade errada de encarar o estresse, usada por quem esgotou os recursos adequados para enfrentá-lo; é uma espécie de retirada psicológica em relação ao envolvimento comunitário com as pessoas com quem se vive, em resposta às suas excessivas exigências, ou como defesa da frustração de não ser capaz de cumprir a própria tarefa, de modo que aquilo que inicialmente era sentido como "vocação" torna-se apenas uma rotina.[38]

Referindo o conceito de *burnout* ao contexto das atividades de dedicação aos outros, como no caso da tarefa do superior

---

[37] Em inglês, *to burn out* quer dizer "desgastar a própria saúde, desmontar, explodir" (RAGAZZINI, G. *Dizionario Inglese/Italiano, Italiano/Inglese*. Bologna, Zanichelli, 2003. p. 130).

[38] CHERNISS, C. *La sindrome del burn-out*. Torino, Centro Scientifico Torinese, 1983.

que vive a autoridade como serviço às pessoas da comunidade, podemos encontrar cinco fases típicas desse particular estresse profissional.[39]

- A fase inicial é a do entusiasmo e da idealização, caracterizada por um forte investimento energético e de motivações quanto ao ideal e quanto à motivação à dedicação aos outros, sobretudo quando o superior nutre expectativas elevadas em relação ao sucesso do seu trabalho.

- A segunda, a da estagnação, é a fase em que a relação de dedicação aos outros membros da comunidade começa a não satisfazer mais às expectativas do líder, a não corresponder mais às suas necessidades; e ele se sente responsável por isso. É o momento no qual as relações são percebidas como estressantes, o clima relacional é tenso, há conflitos interpessoais, mas ninguém fala disso, ainda que se manifestem atitudes disfuncionais de menor peso, que se prefere ignorar, para o bem de todos.

- A esta altura, entra a fase da frustração, na qual o indivíduo se interroga não tanto sobre o significado desta ou daquela atividade de trabalho, mas sobre o próprio sentido de ser superior.

- Depois, na quarta fase, a da apatia, a pessoa mais do que reagir e enfrentar diretamente as dificuldades de trabalho, se defende, e se desinteressa das motivações e das emoções.

- Na fase final, a pessoa elabora comportamentos alternativos de adaptação para reestruturar, de maneira defensiva e aceitável, as próprias relações com os outros.

À base dessas dinâmicas de exaustão progressiva estão as excessivas solicitações de disponibilidade por parte dos membros

---

[39] EDELWICH, J. & BRODSKY, A. *Burn-out. Stages of disillusionment in the helping professions*. New York, Human Sciences Press, 1980. pp. 28-29.

da comunidade. A persistência dessas "solicitações de ajuda" sobrecarrega o responsável da comunidade e levam-no a se retirar progressivamente de uma situação percebida como emotivamente envolvente, e a distanciar-se das pessoas pelas quais aceitara o serviço da autoridade. "Está em curto-circuito o agente que, à pergunta se estaria disposto a estar, daqui a dez anos, no mesmo cargo, fazendo o mesmo trabalho, responde: 'preferiria morrer!'".[40]

Algumas condições de burnout

O superior dedica-se aos outros por entusiasmo vocacional, porque vive a sua tarefa como um serviço às pessoas que lhe são confiadas. Se, porém, a sua dedicação se dissociar das condições reais da comunidade, ele corre o risco de se refugiar em um excesso de idealismo que, se confrontado com as exigências reais das pessoas, pode transformar-se em sentimento de culpa, quando perceber que não é capaz de resolver os problemas de todos; sobretudo quando perceber que as exigências dos membros da comunidade ou do ambiente excedem à sua capacidade de atendê-las, e lhe faltar o suporte relacional para elaborar respostas adequadas.

> O religioso que deve ser fonte de refúgio e de apoio para todos os que buscam ajuda, a qualquer hora, e que não tenha ninguém a quem se dirigir quando tem um problema pessoal, é também ele um sujeito que está em perigo.[41]

A esta altura, ele sente que a própria auto-estima está ameaçada, por causa dos seus insucessos e pela impossibilidade de gerir todas as exigências vindas do ambiente. Então, começa

---

[40] CONTESSA, G. "L'operatore sociale cortocircuitato: la 'burning-out syndrome' in Itália". In: *Animazione Sociale* 42-43, 1981-1982, p. 29.

[41] MASLACH, C. *La sindrome del Burnout. "Il prezzo dell'aiuto agli alti".* Assisi, Cittadella Editrice, 1992. pp. 27-28.

a duvidar das próprias capacidades de realizar o que se tinha prefixado como ideal de dedicação e de serviço.

Sua dedicação aos outros pode ser vivida como uma necessidade, uma espécie de defesa em relação à frustração que as expectativas dos outros comportam. Essa necessidade torna-se fonte de esgotamento quando o outro é percebido apenas como portador passivo de problemas a resolver, mais do que como fonte de recursos positivos. Nesse caso, o superior sente forte a tensão emocional, sobretudo quando tem a sensação de que o destino da comunidade... depende das suas capacidades de enfrentar todas as exigências dos membros que a compõem.

A sobrecarga de trabalho, além de estancar o seu entusiasmo de encontrar os recursos úteis para o seu serviço de guia, torna-se também motivo para aumentar os seus esforços para resolver os problemas dos outros e, portanto, motivo de um ulterior estresse. Na verdade, esmagado por tantas exigências cotidianas e bloqueado pela convicção de não poder agir de outro modo, o superior "queimado" será incapaz de distanciar-se do envolvimento estressante, até... não agüentar mais. Paradoxalmente, embora cansado e sempre pronto a lamentar-se, se entrar no vórtice do *burnout*, ele continuará a ser "tudo para todos", mas ao preço da sua própria saúde psicológica.

O clima comunitário também pode contribuir para criar esse desgaste interior,[42] aumentando o sentimento de distanciamento e de retração emocional em sua dedicação aos outros, sobretudo quando as relações são marcadas pelo conflito: com maior razão, neste caso, o superior pode perceber a sensação de cansaço relacional devido ao fluxo de estímulos relacionais de tipo estressante.

---

[42] Del Rio, G. *Stress e lavoro nei servizi. Sintomi, cause e rimedi del burnout.* Roma, La Nuova Italia Scientifica, 1990. p. 46.

O que fazer para evitar a síndrome do *burnout*? Seria preciso encontrar o justo equilíbrio entre dar e receber, entre disponibilidade e retirada, entre ativismo e repouso. Esta capacidade de equilíbrio compreende um "envolvimento sadio" por parte do superior, o qual deveria estar autenticamente interessado no bem-estar de toda a comunidade, mas, ao mesmo tempo, manter uma adequada "distância psicológica" das muitas situações que deve enfrentar. Com esse interesse equilibrado, ele garantirá para si tanto o espaço necessário para a compreensão atenta dos problemas dos outros, como a proteção da própria saúde, de modo que, embora permanecendo próximo, poderá interessar-se pelas diversas circunstâncias em que deve intervir e avaliá-las objetivamente.[43]

Para uma gestão colaborativa do conflito e das situações interpessoais difíceis

Ao perceber as dinâmicas interpessoais que não são funcionais para o bem-estar da comunidade, é importante que o superior tenha sempre uma percepção positiva das diferentes situações em que está agindo, para conseguir individuar os eventuais recursos presentes nas pessoas que lhe são confiadas. O seu trabalho atento e constante permitirá às pessoas relevarem a satisfação benéfica de eventuais soluções. De resto, a ausência ou a presença de conflitos jamais é rigidamente determinada pelo estado objetivo das coisas, e aquilo que é avaliado pelas pessoas, e por quem as guia, assume grande relevância para a evolução das condições de conflito.

Queremos, agora, considerar as características que ajudam na resolução das situações difíceis e os fatores que podem influenciar

---

[43] MASLACH, C. *La sindrome del Burnout*, op. cit., pp. 272-276.

a direção positiva das diferentes realidades que se apresentam no contexto comunitário, a fim de se criar um clima comunitário mais sadio.

Como o superior pode tornar produtivas as dificuldades relacionais

As muitas situações a serem enfrentadas e administradas cotidianamente interpelam o líder da comunidade a dar relevo, com atenção e respeito, às diferentes situações que se apresentam a cada dia. A partir das vivências cotidianas e dos estímulos relacionais, ele encontra ajuda para facilitar e mediar os recursos úteis a fim de alcançar os objetivos comuns. O superior, portanto, favorece a individuação pessoal e encoraja a coesão das relações, eliminando o que impede o confronto aberto e sincero entre as pessoas.

Podemos distinguir as seguintes fases nos processos de resolução produtiva do conflito:[44] antes de tudo, reconhecer o problema como suficientemente importante para merecer atenção; depois, o empenho concreto por parte das pessoas, a fim de buscar uma adequada resolução, mediante comportamentos concretos. Essas tentativas, porém, nem sempre dão os resultados positivos esperados, derivando daí uma certa frustração e tensão que levam a retirar temporariamente o problema. Contudo, tal afastamento permite que se tenha uma perspectiva diferente da situação em que se está envolvido e, portanto, que se reformulem novas propostas comportamentais. A fase sucessiva, reforçada pelo sentimento de confiança reconquistada, leva a um envolvimento concreto para elaborar estratégias cooperativas, a partir de um novo modo de ver as coisas.

---

[44]   Cf. CUSINATO, M. *Psicologia delle relazioni*, op. cit., p. 151.

Em todo esse processo, a função de quem orienta o grupo é essencial para que as pessoas possam tomar consciência dos próprios recursos, sobretudo em três níveis:

- O primeiro refere-se à motivação das pessoas quanto ao confronto construtivo. Motivação essa que não deve ser nem muito frágil que cause obstáculo ao envolvimento, nem muito intensa que impeça um certo distanciamento do problema. A motivação certa implica a liberdade de confrontar-se reciprocamente, sem entrar em competição e sem ter de se defender, unida à confiança nas próprias capacidades.

- O segundo nível refere-se ao desenvolvimento das condições que permitem reformular a situação problemática, quando se entra na fase de bloqueio. As circunstâncias que favorecem o surgimento de novos recursos precisam de liberdade para mover-se, sem sensações de temor ou de imposição no interior da comunidade.

- Enfim, é importante ter idéias e recursos cognitivos. As idéias são importantes para fazer com que as situações de grupo evoluam, porque ajudam as pessoas a manter contato com a realidade e a avaliar as alternativas. "Aquilo que, à primeira vista, pode ser considerado elemento que perturba a harmonia e a unidade revela-se, no decorrer do processo, como fonte positiva de elaboração".[45]

Em chave interpessoal, esse processo permite identificar algumas condições necessárias para que se realize a redescoberta recíproca dos recursos presentes no contexto relacional. Antes de tudo, é preciso uma comunicação aberta e sincera entre as pessoas a fim de se obterem as informações necessárias para ir além dos elementos de superfície e enquadrar, de maneira exata,

---

[45]   Ibid., p. 251.

os problemas que se estão enfrentando em comum. Dessa forma, as pessoas podem conhecer os recursos comuns e ampliar a plataforma das forças disponíveis. Em segundo lugar, o processo cooperativo encoraja a legitimidade dos interesses recíprocos e a busca de uma solução que corresponda às necessidades de todos. Nesse clima de confiança recíproca, cada um se sentirá "autorizado" a utilizar as próprias capacidades, experimentando os recursos num contexto relacional no qual emerge, para que o esforço diferenciado de cada um seja funcional para o objetivo comum. Enfim, a colaboração promove atitudes amigáveis que tornam os membros da comunidade sensíveis aos interesses comuns, ao mesmo tempo que minimizam as diferenças.

> Numa relação cooperativa, torna-se, antes de tudo, consciência do objetivo que se quer perseguir através da colaboração com o outro. Fica-se, também, consciente do outro enquanto interessado, como nós, na consecução do objetivo. Todas as habilidades e capacidades nossas e dos outros são potencialmente acessíveis à avaliação consciente, não em termos de juízos de superioridade ou inferioridade, mas em termos de sua utilidade reciprocamente desfrutável para a consecução da meta.[46]

A função do líder é incisiva neste processo, na medida em que ele sabe conciliar as diversas instâncias individuais e interindividuais que vão surgindo. Sua liderança autorizada e amável realiza-se por uma mediação paciente e solícita para que todos se formem na *Schola Amoris* da comunidade.

O superior mediador de recursos

O líder eficaz em um grupo significativo — como o é justamente uma comunidade religiosa — é aquele que leva em consi-

---

[46] LIOTTI, G. *La dimensione interpersonale*, op. cit., p. 162.

deração as pessoas, suas exigências e suas necessidades, que sabe colocar-se em sintonia e orientar. Ele é capaz de "levar a fazer", utilizando a sabedoria do grupo comunitário, mais do que "fazer muito", de modo solitário e desgastante.[47] Num grupo no qual as pessoas aprendem a colaborar, o superior facilita o emprego dos recursos criativos por parte de todos os membros do grupo e contribui para mediar entre eles, fazendo convergir as diversas competências para o objetivo comum.

Assim contava um religioso:

> Minha experiência de superior ensinou-me que, na maioria das vezes, temos a tendência de subestimar a quantidade de conhecimentos, idéias e bravuras dos membros da comunidade, porque vivemos preocupados em fazer segundo a nossa visão das coisas. Quando aprendi a conhecer os membros do grupo e a acolher as suas diferentes competências, mesmo os momentos em que precisei decidir têm sido mais incisivos, para mim e para eles.[48]

É como se dissesse que a arte de ser superior ou superiora num grupo não se conjuga com a ausência de problemas ou de dificuldades, mas com a capacidade de colocar-se diante do outro, para acolher finalmente a sua unicidade, as suas exigências, as suas dificuldades.

> O conflito é sempre um sinal duplo: indica a vontade de estar presente, de ter o próprio papel, de defender uma posição pessoal, portanto, de manifestar-se. Mas também a dificuldade de administrar a dificuldade.[49]

O líder que facilita o surgimento dos recursos que existem no grupo goza, em definitivo, da confiança das pessoas, e é

---

[47] GORDON, T. *Lider efficaci*, op. cit., p. 33.

[48] Comunicação pessoal.

[49] MARTELLO, M. *Oltre il conflitto. Dalla mediazione alla relazione costruttiva*. Milano, McGraw-Hill, 2003. p. 5.

aceito pelo grupo; aliás, ele está em sintonia com o grupo. Não se contenta em assumir uma posição de controle ou de gestão da situação comunitária, mas articula a sua presença de apoio amável com a sua orientação sincera e autorizada.

O bom senso diz-nos que nenhum líder tem todas as respostas para todas as situações, sobretudo hoje, quando as comunidades vivem condições particularmente novas e envolventes. Todo líder, porém, tem a possibilidade de entrar em contato com as diferentes situações vividas pela sua comunidade, e de percebê-las. Para isso ele precisa de muita paciência e perseverança. Eis por que o superior eficaz não é aquele que resolve todos os problemas dos outros, mas aquele que — com a sua presença, sua humanidade e sua caminhada de fé — garante que os problemas sejam resolvidos, mediando entre as diversas riquezas presentes nas pessoas a ele confiadas.

Ele é um facilitador dentro do grupo, que ajuda a descobrir, continuamente e no dia-a-dia, as diferenças de cada um, diante das tantas coisas a serem feitas ou das tantas situações a serem vividas. Sendo assim, não se contenta em transformar as situações, quase de forma mágica, mas reconhece os recursos, mobiliza as energias, provoca perspectivas novas, media entre as diversidades, espera com paciência, com a certeza de que a sua tarefa é um dom de Deus a ser colocado à disposição dos irmãos.

3

O líder religioso como treinador

Vincenzo Comodo

O termo *bem-estar*, na terminologia do conceito de organização, merece um tratado aprofundado. Hoje, muito mais do que ontem. E — "registrando" os atuais "ritmos" sócio-antropológicos, sempre mais freneticamente expansivos e sempre mais docemente agressivos — não parece tão arriscado prever a necessidade de uma aproximação cognitiva gradualmente mais meticulosa e de uma observação analítica progressivamente mais "sentida". A razão dessa exigência deve ser captada essencialmente na competição intercultural que vigora plenamente em escala planetária, na qual as organizações é que são justamente as protagonistas dessa *assembléia* global.

Neste confronto "à distância" — aproximada ou devida, conforme a visão (mediática) dos desafios —, nesta corrida — veloz, meio-fundista, fundista para o Novo, conforme a programação quanto ao breve, médio ou longo prazo —, é sempre mais determinante conquistar os lugares de "visibilidade" pública. Estrategicamente, é oportuno acrescentar que a tática espacial — em quase todos os casos — não pode ser posta em campo sozinha, pois deve ser inteligentemente combinada com a tática temporal antecipada do jogo. Descaroçando a idéia, isso significa que, para obter aquelas ribaltas sociais necessárias para se promover os próprios valores, as organizações não podem perceber tardiamente a *partida* dada pelas várias épocas, se não quiserem ser obrigadas a acompanhar quem vai à frente na vivência da contemporaneidade "corrente". Isso quer dizer que as organizações, para caminharem com os tempos, mas, sobretudo para se beneficiarem dos favores dispensados pela novidade, devem se aplicar em termos criativos e operativos, a fim de que, empreendendo ações inéditas de sucesso, possam através delas legitimar a própria *missão*, alimentar o sentido da própria presença e fazer crescer o consenso popular.

É normal, contudo, aplicar-se na reprodução das próprias iniciativas; assim como é lógico esperar que as próprias fórmulas estratégicas sejam não só aplicadas, mas também estudadas pelos adversários mais espertos e mais vigilantes.

À luz dessas "tensões" culturais, não é difícil deduzir o quão decisiva será a correta percepção da dimensão espaço-temporal. Sobretudo num tempo agitado e convulso como o atual, em que as distâncias se reduzem e o cotidiano está em plena aceleração; em que o *poder da mídia* "progride", graças à entronização habitualmente revolucionária das *novas mídias*. A telemática e o digital — "instalando-se" na vivência coletiva e individual — exigiram uma nova "configuração" do "sistema" rotineiro e comportamental. A inauguração de outras vias de comunicação, a abertura dos territórios culturais de "natureza" digital — com extensão e acesso mundial, com participação ativa, mas também para uso mais restrito e reservado — são "meios" adicionais através dos quais se pode lançar sinais de existência, de fervor, de dinamicidade.

Delimitando a análise dessa realidade ao plano das organizações, é mais fácil compreender que o renovado cenário global oferece oportunidades extraordinárias de desenvolvimento e permite ulteriores possibilidades de afirmação. E, por efeito da irresistível atração tecnológica *em pleno progresso*, é mais simples entender o quanto é importante para uma organização voltar a atenção às inovações e a tudo que elas "representam" e favorecem para conseguir a melhoria dos próprios serviços. Melhoria esta "marcada", sancionada, "regulada", prevalentemente, pelo fator cronológico e que é passível de comprovação mediante projetos culturais que visam promover a organização. De formas alternativas, com idéias insólitas, com soluções capazes de atrair — *in primis* — o interesse dos *objetivos* para os quais se visa um agir específico; mas também de incidir positivamente — *in secundis* — sobre quem não é um alvo declarado da própria conduta, recolhendo "lucros" profícuos do ponto de vista da imagem e da utilidade. É esse o prêmio em jogo para quem chega por primeiro nessa trabalhosa competição de valores, na qual as muitas organizações são levadas a se confrontarem.

Nessa competição intercultural, a fim de conservarem os primeiros lugares e estarem sempre prontos para a velocidade em vista de tantas metas colocadas pela história ao longo do seu complexo percurso, é preciso que os vários *times* se "preparem" para enfrentar as provas às quais o futuro os submete inexoravelmente. Para conseguir uma preparação cognitiva e estratégica apta a superar essas provas, é indispensável despertar a criatividade. É também determinante regenerar a razão de uma obra, atingindo o sentido da ação dos princípios de fundação. É, sobretudo, fundamental sentir-se como organização, descartando as atividades solitárias ou — pior ainda — isoladas, e competindo como num jogo formado por times.

Contudo, um time tem o seu líder, que recebe a responsabilidade da condução. E ao líder, enquanto tal, cabe a tarefa de dirigi-lo. Para ter sucesso nessa função e encontrar as indicações certas, mediante as quais se realiza a solidez do grupo, é oportuno que ele se sirva do instrumento da liderança. De fato, examinando a definição desse termo, ou seja, a "habilidade de motivar, influenciar, permitir que outros contribuam para a eficácia e o sucesso da organização da qual são membros",[1] receberá orientações muito úteis para interpretar o próprio papel na ótica da unidade da sua organização.

Nestas páginas, dirigidas justamente à *liderança*, trataremos dos argumentos da coesão de uma organização e os aspectos mais significativos que concorrem para consegui-la, considerando, de modo especial, justamente a necessidade de *bem-estar* dos seus membros.

A liderança, colocando-se como conceito para levar a cabo as funções de dirigente, leva o líder a entender o próprio mandato numa perspectiva de conjunto baseada no envolvimento de todos os componentes da organização, principalmente por meio da motivação. Na verdade, motivando o grupo, cria-se a condição essencial para agir de acordo com a convicção e a consciência: propriedades irrenunciáveis na busca dos objetivos colocados como fundamento da organização.

A motivação, entretanto, é apenas uma das premissas que se deve respeitar para preparar uma equipe de tal modo sólida e vigorosa que desafie com audácia as culturas rivais. Ela, de fato, apela para outras necessidades a satisfazer, como o desenvolvimento dos recursos humanos e a criação de um clima interno edificante.

---

[1] Cf. Comodo, V. "La sfida dell'organizzazione nella vita consacrata". In: Poli, G. F.; Crea, G. & Comodo, V. *La sfida dell'organizzazione nelle comunità religiose*. Roma, Rogate, 2003. [Ed. bras.: *O desafio da organização nas comunidades religiosas*. São Paulo, Paulinas, 2007.] Para outros aprofundamentos, consultar Bodega, D. *Le forme della leadership*. Milano, ETAS, 2002. p. 3.

A esse propósito, não se pode deixar de pensar em programas úteis de gestão dos recursos humanos. Fazendo com que cada *jogador* do *time* exprima, da melhor forma, as potencialidades pessoais, apelando para as capacidades de cada um para a identificação e a subseqüente resolução das problemáticas encontradas, quer *ab intra*, quer *ad extra*, num ambiente potencialmente sem tensão e "aberto" à colaboração, será favorecida a consecução menos dificultosa e mais imediata — de modo prevalente! — das finalidades de base da organização. Eis, portanto, que o processo da *tomada de decisões*, assim como o da *resolução dos problemas* assumem uma relevância de "primeiro plano" na condução organizativa, justamente porque eles são "retomados" sob a inspiração da participação unitária, porque são técnicas plasmadas em função de um envolvimento ampliado e não restrito.

A resolução dos problemas e a tomada de decisões são, ainda, tarefas que se unem diretamente à qualificação dos objetivos, baseada na avaliação das virtudes e dos dotes do ambiente humano da organização. São atividades a serem desenvolvidas em função da individuação dos elementos de força e dos pontos frágeis do time, de tal maneira que se possam preparar estratégias prudentes e "ponderadas".

A fim de pensar, de modo mais ágil, nos movimentos a fazer, o líder poderia valer-se de certas formas conceituais que, como *chaves* auxiliares de "leitura", poderiam — por sua vez — abrir outras portas ideativas, através das quais aceder a novas técnicas de encaminhamento. Uma delas, particularmente "reproduzida" mas que — em todo caso — funciona em qualquer contexto organizativo é a do marketing. Esclarece-se, de imediato, que, no caso das organizações religiosas, o marketing deve ser entendido tão-somente como expressão tática e não como filosofia econômica. Mas, deve-se também reconhecer, que é uma fórmula de gestão particularmente confiável, cuja difusão sistemática demonstra toda a sua eficiência. Por isso, não seria imprudente — pelo menos — "apreciar" a sua aplicabilidade como instrumento de pensamento, de avaliação e de ação; não seria comprometedor meditá-la como pista reflexiva a trilhar para se chegar criativamente a manobras positivas de direção.

Em força de uma "funcionalidade" comprovada e demonstrada, os princípios analíticos e estimativos do marketing são, sem mais, outra referência para afinar os "esquemas" a serem empregados nas contínuas "partidas" interculturais. Por isso, para o líder enriquecer seus conhecimentos no "campo" estratégico não seria certamente uma "abertura" fora de medida. Assim como não seria realmente errada a opção de valer-se das descobertas cognitivas feitas no variado âmbito das ciências da organização,[2] para atualizar as modalidades de direção. É importante, pois, não perder de vista as atuais interpretações da própria organização, sempre mais "prensadas" pelas razões da motivação e do envolvimento, sempre mais caracterizadas pela "busca" de um entendimento de fundo entre todos os componentes, sempre mais marcadas pela energia do coletivo e não pela iniciativa individualista.

Para além da representação simbólica, então, não é sair do caminho — além de arriscado — a compreensão da organização como um time, no qual cabe a cada um a execução de uma função específica, em que cada membro deve cumprir determinadas tarefas, no qual há uma ligação fluida entre as diversas seções. A imagem do time não é nada desorientadora, pois representa plenamente o quanto é necessária — mais que indispensável — a contribuição de cada unidade na economia do conjunto. Não só. Ela exprime eloqüentemente o sentido da força da união,

---

[2] Cf. COMODO, V. *La sfida dell'organizzazione...*, op. cit.

indispensável para "concorrer" nas atuais disputas planetárias entre culturas.[3]

A partir destas reflexões, não é desproporcional comparar a figura do *líder* à do *treinador*. E não simplesmente pelo gosto figurativo, mas — praticamente — por uma exigência "interpretativa". De fato, lendo de modo reflexivo a idéia da impossibilidade de renunciar a lançar-se em competições interculturais, emerge, com certa espontaneidade, a semelhança entre time e organização. E — também logicamente —, considerando as tarefas de gestão, de avaliação e de emprego dos recursos humanos à própria disposição, não é difícil perceber a semelhança entre um chefe e um treinador.

Verificando que essa interpretação é fonte inspiradora de um florescente filão investigativo, não se vêem dificuldades especiais em considerá-la bem mais do que um "jogo" estético: é um modelo de análise — cientificamente "verificável" — apoiado por argumentações apropriadas e baseado em *alicerces* metodológicos definidos.

A organização religiosa como um time

Imaginar uma Congregação ou um Instituto religioso como um time é, sem dúvida, um achado original, mas não originário. De fato, essa concepção floresceu e "amadureceu" no "campo" intuitivo das organizações não-eclesiásticas. E foi além de uma simples figuração fantasiosa, "pensada" para reproduzir simbolicamente a organização. Ainda hoje ela tem evoluído. Alcançou "metas" oficiais de desenvolvimento cultural. Suscitou um

---

[3] Cf. COMODO, V. "Leadership e cultura del cambiamento". In: POLI, G. F.; CREA, G. & COMODO, V. *Stili di leadership e vita consacrata*. Roma, Rogate, 2003.

progressivo interesse entre os estudiosos, a ponto de obter um verdadeiro e próprio sucesso científico.

Constatando "a existência de uma espécie de livre intercâmbio e circulação dos 'meios' analíticos"[4] entre as várias disciplinas e — particularmente — entre as diversas realidades de um mesmo âmbito de observação, não seria um atentado contra os seus valores "ver" também as organizações religiosas a partir desse ângulo. Antes, seria uma "explicação" adicional que permitiria ultrapassar os horizontes da "visão" ordinária, criando condições estimulantes para encontrar e explorar significados novos. Impelidos também pela utilidade de uma aproximação multidisciplinar, é oportuno, por isso, ir além da imaginação.

Partindo destas premissas, tentemos tomar o modelo do *time* em relação às organizações de vida consagrada. Essa tentativa, contudo, não é difícil. De fato, enquadrando o seu ímpeto missiológico no atual panorama global, ressaltam "evidentemente" as analogias entre um Instituto ou uma Congregação e um time. "Comentando" a "corrida" febril para o aperfeiçoamento cognitivo em relação aos circuitos da organização, ditada pelas necessidades vitais de competir no itinerante "confronto" intercultural, deduz-se claramente o quanto seja edificante e essencial o trabalho de equipe. E, ao mesmo tempo, com uma relativa simplicidade, percebe-se o quanto é temerário e "improdutivo" descuidar ou não empregar integralmente o "capital" experimental intelectivo e cultural disponível.

"Em força" de uma conformação basilar, as organizações de consagrados estão particularmente predispostas a serem entendidas como times. A comunhão, a partilha, o prodigalizar-se na realização de um único projeto existencial são todas características que confluem no conceito de time. Se a essas características

---

4 Cf. COMODO, V. *La sfida dell'organizzazione...*, op. cit.

forem acrescentadas também as de "ordem" evangélica e teológica enquanto fatores reforçadores de "comum união", sobressai ainda mais a capacidade de harmonização com essa idéia.

Ilustrada essa afirmação, entremos no cerne da questão. Perguntemo-nos, então: como se pode relacionar esporte e missiologia? O que se pode colher de um jogo de grupo para viver segundo o cristianismo? O que se pode aprender do vôlei, do basquete, do futebol e de qualquer outra disciplina esportiva de equipe para "dirigir" uma organização religiosa?

Diante dessa seqüência de perguntas poder-se-ia dar uma resposta de síntese, mas sempre elucidativa: o ensino a ser assimilado por meio das "manifestações" grupais deve ser qualificado na absoluta importância do valor coletivo a ser expresso nas competições. Considerando, portanto, aquelas que *empenham* e *envolvem* as organizações — sejam elas diretas ou indiretas, próximas ou distantes — tal lição deve ser repassada cotidianamente. Por isso, deve-se repelir, de modo categórico, a ilusão de tê-la apreendido integralmente. À relevância da *densidade* deve-se dar a maior prioridade, que deve ser "valorizada" urgentemente para enfrentar os desafios do tempo novo. Sem dar a devida atenção a essa imprescindível percepção, uma organização será mais facilmente vulnerável: terá uma falha enorme no próprio sistema defensivo.

Para apurar ulteriormente a significatividade da temática, é conveniente efetuar ainda uma perícia terminológica. Mais precisamente: para perceber outras indicações vantajosas a partir do argumento tratado, deveríamos realçar as diversidades semânticas entre o conceito de grupo e o de time.

Entrando no mérito da distinção, entende-se por grupo "qualquer formação social que resulte da co-presença participante de dois ou mais seres humanos. Essa co-presença é caracterizada como *participante*, porque não pode ser puramente casual. Nesse caso, teremos não um grupo humano, mas um saco de batatas, um amontoado de coisas estáticas. O *grupo humano* é essencialmente caracterizado por dois aspectos:

a) interdependência de seus membros;

b) conhecimento, reconhecimento recíproco e, portanto, uma interação relativamente continuativa no tempo".[5]

Recorrendo à etimologia, é possível explicitar melhor ainda a relação entre os membros do mesmo grupo. Na verdade, o significado do termo deriva (em língua italiana) da palavra *groppo*, isto é, "nó". E, de fato, o "sinal" do nó simboliza sintomaticamente a *ligação* entre as partes. Uma ligação "estreita" com a finalidade de alimentar o sentido de pertença ao grupo, tendendo a identificar-se com ele, dispondo-se a viver a subjetividade em relação aos outros e em função do desígnio coletivo.

O grupo identifica-se, ainda, pela concordância de uma visão existencial entre os componentes. Mas, também, por uma co-divisão de valores e de experiências: pressuposto basilar para marchar convictos em direção a objetivos comuns. Isso requer a adoção de comportamentos modelados nos princípios de respeito recíproco, de complementaridade, de colaboração, de sinergia: condições ulteriores para a consecução das metas "estruturais".

Continuando a ilustração do conceito em exame, apresentam-se os dois principais tipos da taxonomia do grupo: primário e secundário. O *grupo primário* é reconhecido pelo fato de existir nele uma interação regular e direta,[6] que "seus membros se conheçam e se comuniquem diretamente, tenham intercâmbios face a face, podendo-se dizer, nesse sentido, que têm relações

---

[5]   FERRAROTTI, F. *Manuale di sociologia*. Bari, Laterza, 1988. p. 39.

[6]   SMELSER, N. *Manuale di sociologia*. Bologna, Il Mulino, 1987. p. 543.

primárias".[7] O *grupo secundário*, porém, distingue-se pela razão de os seus membros,

> numerosos e colocados em posições assimétricas, não serem capazes de ter relações pessoais diretas. Suas relações são mediadas por uma estrutura burocrática fixa, hierarquicamente ordenada, e mantidas com base num regulamento muitas vezes explícito e, em todo caso, impessoal.[8]

Esta especificação foi necessária por dois motivos preponderantes: *in primis*, para ressaltar a contribuição das novas mídias na "modificação" do grupo secundário; *in secundis* — registrando justamente *essas* transformações — para perorar a validade da idéia de entender a organização religiosa como time, e não como grupo.

Em relação ao primeiro caso, deve-se admitir que as Congregações, os Institutos religiosos, deveriam ser classificados sobretudo como grupos secundários, sendo grandes organizações, presentes nas várias realidades continentais e — por isso — territorialmente distantes, tendo uma estrutura hierárquica própria, em contato "direto" com as várias realidades locais. Em todo caso, são formados por pessoas unidas por um único projeto de vida comunitária, "que se distinguem" pela aceitação do mesmo carisma de fundação. *Sic stantibus rebus*, a distância é o principal critério de diferenciação em relação ao grupo primário. Inseridos em tantos contextos socioculturais e "distanciados" por barreiras físicas, os consagrados das muitas famílias religiosas não podem interagir face a face.[9] Sustentando tal afirmação, porém, não se "reconheceria" efetivamente a existência dos assim chamados *grupos virtuais*, ou seja, aquelas formas organizativas que tra-

---

[7] FERRAROTTI, F. *Manuale...*, op. cit., p. 40.

[8] Ibid., p. 41.

[9] Cf. COOLEY, C. H. *L'organizzazione sociale*. Milano, Comunità, 1963.

balham, agem à distância, coordenadas por um "núcleo" de comando, mediante várias formas de comunicação.

Feita essa "consideração" integrativa, vem espontâneo o pensamento de que as organizações de vida consagrada são *também* grupos virtuais, por causa de sua "deslocação" mundial. Entretanto — e a este "ponto" insere-se o elemento de novidade ou, melhor, de inovação —, o advento das novas tecnologias cibernéticas "modifica" muito essa classificação: a interatividade, a possibilidade dos hipertextos, a multimedialidade — "siglas" eloqüentes e plurissensoriais não só do digital como também do virtual — tornam o grupo secundário muito primário. De fato, graças às novas mídias, é possível interagir mesmo à distância, e superar os impedimentos geográficos, estabelecendo-se relações *face a face*. Como? Através de sistemas de videoconferência, possibilitando, eventualmente, a participação a muitos sujeitos; "retomando" e "reproduzindo" os rostos e as vozes dos interlocutores através de simplicíssimas webcam, estabelecendo, assim, coligações on-line.

Plenamente conscientes de que algumas dinâmicas interpessoais se manifestam somente "em modalidade" *real* — por meio da proximidade dos corpos —, não devem ser minimamente ignoradas as potencialidades que esses meios de comunicação podem "exprimir" positivamente para Congregações e Institutos religiosos, a partir de vários pontos de vista *internos,* como: a comunicação *ab intra,* a co-participação dos recursos culturais, a interculturalidade, o clima, a coesão.

Quanto ao segundo caso, porém, devem ser examinadas, em relação à competição intercultural universal, as oportunidades de reduzir eletronicamente o espaço entre o centro e a periferia da organização e as de interagir entre as várias comunidades territoriais, assim como as supracitadas possibilidades de melhorar as condições gerais da própria organização. De fato, não se pode deixar de perceber a situação de conflito, levando em conta que a pós-modernidade se "configura" também em relação aos "parâmetros" de uma espécie de darwinismo cultural,[10] financiado ou promovido respectivamente por *imput* capazes de motivações "quantificáveis" materialmente ou "qualificáveis" de maneira sacra ou ideal, por todo o sistema midiático.

Para perceber com mais profundidade a "tensão" *de concorrência* e a "progressão" *competitiva* do contemporâneo, não se deve parar no nível da percepção, mas é preciso passar ao "plano" operativo. A fim de medir-se nessa "manifestação global", é necessário "preparar-se" culturalmente *tout court*, tomando intensa consciência de que ela é uma prova "por eliminação", em que "permanecerão" as organizações mais fortes, enquanto as mais frágeis estão destinadas a desaparecer. É fácil, portanto, intuir que, nesse "confronto", não pode haver lugar para a máxima *decoubertiana*: "o importante é participar". Nesse desafio intercultural, "o importante é vencer" ou — ao menos — ocupar uma "posição" de todo respeito.

É justamente este impulso para a vitória que permite registrar a diversidade substancial entre um grupo e um time: o time tem "vontade de vencer".[11] Reconhece-se um time vencedor pela contínua busca de sucesso, por parte de todos os seus componentes, ninguém excluído, empregando cada qual seus dotes pessoais, as virtudes individuais, e colocando-as a serviço de todo o conjunto. E não se aplicando em função de si mesmo — absorvido pela voragem do egoísmo —, mas contribuindo para a afirmação de toda a organização — atraído pela exaltação do conjunto. Não glorificando o *Ego*, mas entoando o *Nós*, como "sujeito" de

---

[10] COMODO, V. & POLI, G. F. *Cliccate e vi sarà @perto*. Cantalupa, Effatà, 2002. pp. 118-125; cf. COMODO, V. *Leadership e comunicazione nella vita consacrata*. Roma, Rogate, 2003.

[11] NICO, P. *Una squadra con la voglia di vincere*. Milano, Angeli, 2002. p. 10.

referência. Essa é a arma "vencedora" que permitiu aos grandes times afirmar-se em nível "internacional". Esse é o ensinamento dado pelos mais famosos. Essa é a razão pela qual — ainda hoje — se celebram suas "conquistas" históricas nos almanaques setoriais, nos lugares midiáticos e no imaginário público.

A "vontade de vencer" permite, ainda, realçar implicitamente uma outra diferença entre as duas categorias de agregação tratadas: o time é sempre um grupo; nem sempre, porém, o grupo é um time. O grupo não se "define" com o intento explícito de competir. O time, sim.

Vista a crescente adoção do modelo de time no ambiente organizativo, justificada pela busca de resultados lisonjeiros e por uma comprovada funcionalidade, também as organizações da vida consagrada envolvidas no "encontro" global poderiam utilizar as partes melhores dessa fórmula. Ao aplicá-la, elas partiriam com vantagem, justamente em força da organização comunitária, instituída sobre a lógica do serviço, apoiada no *ubi consistam* da reciprocidade e da partilha. Pondo ainda em correlação a exigência de promover o carisma de fundação e a competição intercultural, o conceito de time se revelaria um indicador ulterior e válido para interpretar e para melhor realizar o relativo "papel" missionário.

Treinamento e vida consagrada

"A união faz a força" é uma máxima que manifesta o vigor da capacidade de unidade. A expressão é uma prescrição, mais do que um aforismo. É um modo de fazer, mais do que de dizer. É uma estratégia de ação e não uma banal frase convencional. Curiosamente, o seu sentido externa-se eloqüentemente no acrônimo da palavra *time*. De fato, desenvolvendo-o — *team*, em inglês — será esta a seqüência de palavras: *Together Everyone*

Achieves More.[12] Traduzindo-a, é possível atribuir-lhe tranqüilamente este significado: "trabalhando juntos, todos dão e obtêm mais".[13]

É uma explicação que, ultrapassando a simples versão literal, exibe um precioso material semântico. Nada desprezível, antes, a ser absolutamente "valorizado". Cotidianamente. Efetuando essa valorização, notar-se-á o aumento das cotações de atenção por parte dos "agentes" do setor organizativo, também documentado por um "interesse" analítico em nítida tendência positiva. A conveniência de investir de modo organizativo no "sistema" de time é particularmente profícua e propensamente difusa. É uma prática vantajosa, altamente benéfica que, por sua vez, atesta a necessidade de rever a disposição dos papéis dentro da organização: os ornamentos tradicionais não garantem mais a proteção de um passado, mesmo se relativamente próximo; a atribuição do *status* precisa de uma atualização urgente.

Essa ocorrência deve ser examinada a começar justamente do setor dirigente, mais explicitamente, da figura do líder. Devido às prementes e renovadoras solicitações interculturais do tempo novo, os dirigentes devem enfrentar problemáticas sócio-antropológicas inéditas. Essas dinâmicas recaem sobretudo nas organizações. Tanto é que o esforço de dar respostas e de lançar propostas aos vários *objetivos,* obviamente alinhados à *missão* da organização, torna-se muito mais trabalhoso, mais oneroso. Criam-se novos papéis, geram-se novas funções, "formam-se" novas tarefas. E, como conseqüência "certa" dessa gênese de

---

[12] *Together Everyone Achieves More*: literalmente, "Juntos cada um obtém mais".

[13] CONLOW, R. *L'eccellenza nella supervisione. Le competenze essenziali per il capo di oggi.* Milano, Angeli, 2001. p. 50.

profissionalismo, "os chefes vêem-se obrigados a fazer mais com menos recursos".[14]

Para não sofrer a *pressão* da renovação, é oportuno desvincular-se de certas visões de como conduzir uma organização, centradas absolutamente no líder e na sua capacidade de superar os limites alheios, de substituir-se a quem não é capaz de realizar integralmente a própria função. Já está definitivamente superado o mito do líder "faz tudo".[15] A esse ocaso, segue-se a aurora paradigmática do líder dirigente, coordenador, que exalta as virtudes alheias; "absolutamente" não centrado só em si mesmo, mas "fundado" na interdependência.[16] A característica inequívoca das organizações atuais é, sem dúvida, a inter-relação, que — como já se pôde ressaltar — tem uma das suas máximas e incisivas representações justamente na "estrutura" do time.

O time também terá, obviamente, o seu treinador. E, nessa contribuição formativa, seguindo um filão de busca particularmente batido, propõe-se entender a organização como um time, sugerindo-se que se considere o líder, também de modo lógico, como treinador. É essa figura que enuncia a atualização de um papel caracterizado poderosamente pela necessidade de levar a expressar as potencialidades dos componentes, colocando-as a serviço do coletivo, e adquirir, assim, maiores *chances* de afirmação.

Enfrentemos, porém, a *quaestio* de perto, perguntando-nos quais são as novas tarefas do *líder/treinador*, quais são as funções adicionais a exercer, perguntando-nos, em síntese, o que o treinador deve fazer para obter sucesso nesta estação que marca uma época de embates culturais. Ao dar as respostas correspondentes,

---

[14]   Ibid., p. 57.

[15]   Nico, P. *Convincimi! Pratiche di leadership per il miglioramento delle relazioni interpersonali.* Milano, Angeli, 2001. p. 129.

[16]   Quaglino, G. P. *Leadership. Nuovi profili di leader per nuovi scenari organizzativi.* Milano, Raffaello Cortina, 1999. p. 22.

ainda uma vez dever-se-á fazer referência à liderança, e, conforme os quesitos, às várias partes da sua definição. Desenvolvamos, porém, o tema de modo ordenado.

Uma das principais exigências a serem satisfeitas quanto a isso é inculcar uma nova mentalidade vencedora. Peculiaridade,— por outro lado, já evidenciada —, que permite a uma organização sentir-se efetivamente um time e não simplesmente um grupo. Para ter sucesso nesse intento, o primeiro passo a ser dado é comunicar a mudança[17] sociocultural, ilustrando a realidade concreta, com todas as emergências a serem enfrentadas.[18] "Comunicando" a fragilidade do momento histórico atual, "transmitindo" a importância de não cometer erros estratégicos[19] — para evitar sobrecarregar-se com o problema adicional de remediar manobras errôneas —, promove-se, implicitamente, a união organizativa como critério "superior" para ser protagonista nos desafios pós-modernos.

O líder, a fim de melhor repassar a idéia de time e vê-la na perspectiva crítica das lutas interculturais, deve comunicar que a vida organizativa precisa ser interpretada e resolvida no conjunto das relações interpessoais e no sistema de funções. Ele deve fazer com que todo "jogador" conheça os papéis dos outros, para poder regular o próprio comportamento em relação a eles, como acontece em qualquer time, no qual cada jogador conhece as "partes" de seus companheiros.[20]

---

17   Cf. COMODO, V. *Comunicare il cambiamento, comunicare...*, op. cit.

18   VANZAN, P. & VOLPI, F. (eds.). *Oltre la porta. I Consacrati e le Emergenze del Nuovo Millennio.* Roma Il Calamo, 2002.

19   Cf. COMODO, V. *La sfida dell'organizzazione...*, op. cit.

20   Sobre os argumentos da organização dos papéis e sobre a capacidade de "assumir o papel", consultar FERRAROTTI, F. *Trattato di sociologia.* Torino, UTET, 1983. pp. 334-339; e MEAD, G. H. *Mind, Self and Society.* Chicago, The University of Chicago Press, 1966.

Essa "regra" vale, com maior razão, para o líder. Enquanto treinador, ele deverá possuir obrigatoriamente um conhecimento "superior" dessas dinâmicas, de tal maneira que possa "gerir" e "dirigir" mais agilmente as qualidades individuais no concerto organizativo. Qualidades essas que devem ser potenciadas não tanto para produzir o crescimento subjetivo, quanto para gerar o progresso do time.

Para ter sucesso nesse intento, deverá colocar cada um nas condições de dar o melhor de si, intervindo decididamente no plano do envolvimento. Essa intervenção pode ser feita mediante a praxe da entrega de cargos específicos, acentuando a necessidade de se viver pelo bem do time. Podem-se apresentar, porém, alguns problemas de recusa, causados, em grande parte, por uma motivação sem vigor, por uma percepção de si mesmo muito negativa, por uma auto-estima muito baixa.

A fim de superar esse obstáculo aconselha-se injetar doses maciças de estima e de confiança, recordando, com uma certa freqüência, aos "refratários" a positividade e a confiança que o líder depositou neles. Apoiados em alguns cotejos científicos, é lícito esperar que se apoiando na expectativa solicita-se o indivíduo a dar mais. Esperar o melhor de alguém ajuda a realização da própria expectativa. São muitos os estudos feitos sobre isso e que comprovam a funcionalidade dessa técnica, mais conhecida como *efeito Pigmalião*. Resultados ainda mais indicativos foram obtidos por Jacobson e Rosenthal, que elaboraram a teoria das assim chamadas "profecias autoconfirmadoras",[21] mais do que nunca fundada na influência das expectativas "positivas".

---

[21] Desejando verificar o "efeito Pigmalião", Jacobson e Rosenthal fizeram uma pesquisa com um grupo de alunos de uma escola dos Estados Unidos. "Eles aplicaram um teste nos alunos de uma escola elementar fazendo-os acreditar que se poderia medir a tendência de mostrar um rápido desenvolvimento intelectual num futuro imediato. Aos professores foi dito que a pontuação recebida no teste indicava que certos estudantes teriam um

Distribuir encargos aos membros ainda pode ser útil para cada jogador e para a organização, também por outras razões. No primeiro caso, consente criar um espaço pessoal de autonomia, permitindo à própria criatividade liberar-se sempre e, em todo caso, em favor da causa comum, evitando, dessa forma, "encerrar" a própria fantasia em táticas irritantes. No segundo,

improvisado desabrochar intelectual durante o ano seguinte. Na realidade, os futuros 'rebentos' foram escolhidos *ao acaso*. Os pesquisadores tinham escolhido, simplesmente por sorte, 20 por cento dos alunos de cada classe e tinham dado seus nomes aos professores. Dessa forma, os pesquisadores induziram expectativas positivas nos professores em relação a um grupo de estudantes de cada classe e nenhuma expectativa quanto às outras crianças. A questão à qual se queria responder era obviamente se essas expectativas teriam levado os professores a se comportarem de algum modo que influenciasse o rendimento escolar das crianças.

Para verificar os efeitos desse tipo de discriminação, os pesquisadores passaram novamente o teste manipulado quatro, oito e doze meses depois das expectativas induzidas nos professores. Fizeram-se mostrar também as notas e os juízos que o professor tinha dado a cada aluno. Quatro meses depois de terem sido criadas as expectativas, as crianças das quais se esperava o famoso desabrochar começaram a obter coeficientes de inteligência mais altos. A diferença entre os dois grupos continuou a crescer e tornou-se impressionante no fim do ano. As crianças em relação às quais se tinham produzido grandes expectativas tiveram coeficientes superiores, em média, de dez a quinze pontos, àqueles, embora melhorados, das crianças do grupo de controle. Percebeu-se, também, que o aumento dos coeficientes de inteligência persistia ainda no ano seguinte.

A melhora da pontuação caminhava *pari passu* com os elogios que o professor fazia às crianças. Sobretudo nas classes inferiores, aquelas das quais se esperava muito, recebiam notas mais altas e mais elogios dos professores. As crianças das quais se esperava menos eram julgadas menos curiosas, menos interessantes, menos contentes e menos levadas a obter sucesso no futuro. Com efeito, o professor tinha construído o que esperava encontrar. Alguns estudantes melhoraram não porque eram intrinsecamente mais inteligentes ou mais dotados, mas porque os mestres esperavam que melhorassem" (in GERGEN, K.& GERGEN, M. M. *Psicologia sociale*. Bologna, Il Mulino, 1990. pp. 172-173).

O exemplo elucida o quanto a expectativa pode ser determinante na obtenção de um resultado.

Para maiores aprofundamentos, ver: JACOBSON, L. F. & ROSENTHAL, R. *Pigmalione in classe*. Milano, Angeli, 1992; ROSENTHAL, R. & JACOBSON, L. F. "Teacher expectations for the disadvantaged". In: *Scientific American* 4, 1968, pp. 19-23.

porém, essa experiência permitiria "preparar" os futuros líderes para eventuais atividades de comando: seriam plantadas, assim, as sementes de uma cultura fecunda de liderança[22] organizada inequivocamente sobre uma profícua cultura da organização.

Prosseguindo a execução desse "motivo" reflexivo, é bastante significativo "ouvir" que "um líder deve ser não só um treinador e um instrutor mas também uma pessoa capaz de delegar e de valorizar as capacidades de seus seguidores".[23] Reforçando o arcaísmo das vestes do chefe *faz-tudo,* aflora limpidamente a relevância do delegar. Também na vida consagrada.

Para sublinhar a oportunidade dessa prática, deve-se recordar que as Congregações e os Institutos religiosos são organizações complexas. Deve-se considerar ainda a complexidade das sociedades atuais. Correlacionando essas duas "formas" de complexidade, não é complicado deduzir o quanto seja fundamental a ação de delegar.

Entre os numerosos estudos dedicados à dimensão organizativa, bem sintonizados nas freqüências da organização cristã, assinala-se o de Atherton.[24] Examinando o livro do Êxodo, ele explica como a delegação pode ter sido para Moisés um expediente válido para "governar" o povo de Israel. Evidencia como, desde os tempos bíblicos, ela foi um fator determinante para chegar ao sucesso; no caso, a posse da Terra Prometida.

---

[22] Cf. COMODO, V. "Verso una cultura della leadership nella vita consacrata". In: POLI, G. F.; CREA, G. & COMODO, V. *La sfida...,* op. cit.; KOTTER, J. P. "Ma cosa fanno, davvero, i leader?". In: QUAGLINO, G. P. *Leadership. Nuovi profili...,* op. cit., pp. 26-29.

[23] NICO, P. *Convincimi! Pratiche di...,* op. cit., p. 128.

[24] Cf. ATHERTON, T. *Delegation and Coaching.* London, Kogan Page, 1999. Aprofunde-se a temática também em: POLI, G. F. "Sulle orme dei leader biblici". In: POLI, G. F.; CREA, G. & COMODO, V. *Stili di...,* op. cit.

Ainda hoje, a delegação conserva o próprio peso "gerencial". Ou melhor, se enriquece de outros significados. Ela, de fato, devido às complexidades organizativas e sociais citadas, deve ser vista como meio de estímulo individual, mas também como um itinerário a se percorrer para "levar" à uma percepção mais intensa da equipe, como também uma via "reflexiva" através da qual elevar o espírito de time.

Este último objetivo (na ordem do desenvolvimento) prevê a "evolução" do time, segundo o desenvolvimento das virtudes individuais. Um *líder/treinador*, portanto, para fazer brilhar as qualidades de cada membro, deve caminhar em função das propensões deles — no caso de não haver emergências ou situações particulares. É claro que para valorizar mais cada componente é indispensável conhecer suas características. Eis por que o líder deve individuar as inclinações "características" de cada jogador da sua equipe.

Entretanto, para permitir que cada um melhore, cresça e incida poderosamente na economia do time, o líder deverá exercer também a ingrata tarefa de corrigir os erros. A correção, de fato, é uma atividade primária para obter a melhora de cada um e, como conseqüência, do time. O *laissez-faire* é muito arriscado, pois poderia alterar os equilíbrios internos.

> Não corrigir os erros quer dizer, indiretamente, confirmar a validade daquele comportamento aos olhos dos demais [...]. A correção deve ser, possivelmente, rápida, precisa e limitada ao comportamento em questão. É preciso ser tempestivo, intervir no ato, mas possivelmente distante do estado emocional que poderia influir negativamente no colóquio.[25]

É conveniente mostrar as repercussões negativas do erro também sobre o restante do time. "Em todo caso, é importante

---

[25] Nico, P. *Convincimi! Pratiche di...*, op. cit., p. 133.

não transferir o erro para as características da pessoa, para o seu caráter ou para a sua índole".[26] Assim como é lembrar que o erro é um momento que permite o crescimento. De resto, o mesmo Einstein afirmou: "Uma pessoa que nunca cometeu um erro, jamais procurou fazer realmente algo de novo".[27]

Olhando esta afirmação "genial" na contraluz, observam-se, com "transparência", as razões da mudança. Mas também o preço a pagar para realizá-la, passível de quantificação no "valor" dos erros. Embora os erros sejam uma condição natural do caminho de crescimento, o próprio crescimento não é diretamente proporcional ao número dos erros cometidos. O fato de que se pode cometer muitos erros não quer dizer que se amadureça antes, e — no caso tratado — que a mudança possa realizar-se mais rapidamente. É lógico que uma vez cometidos, é preciso remediar: eles devem ser resolvidos, caso contrário, não se obtém qualquer melhora.

Contudo, é justamente no "momento da falha", na necessidade de resolução, que aparece a força do time. Essa é uma grande ocasião na qual se deve apreciar a bondade do envolvimento, comparar a utilidade dos recursos de todos os componentes do time, fazer valer o princípio eficaz da compensação, valorizar o espírito de coesão, reconhecer o sentimento comunitário.

Essas ocasiões não podem ser certamente descuidadas por um líder que visa fazer da "própria" organização uma "formação" de sucesso. Por isso, também na vida consagrada, é preciso dar a elas a devida atenção. Da mesma maneira, comparando os consensos recebidos pelo treinamento em todo o âmbito da organização, não seria arriscado, também na vida consagrada, valer-se desse

---

[26] Ibid.

[27] Cf. GOLEMAN, D.; KAUFMAN, P. & MICHAEL, R. *Lo spirito creativo*. Milano, RCS, 1999.

modelo de condução para exercer o mandato de líder. "Treinar" os religiosos para lutarem nas competições interculturais poderia ser menos difícil do que impulsivamente se possa pensar.

Algumas características de um time de sucesso

Para gerir eficazmente um time, o treinador deve dirigir a atenção para uma série de aspectos "internos", absolutamente cruciais. Sem prestar a devida atenção a determinados fatores, as possibilidades de preparar um time vencedor seriam muito reduzidas. Variáveis como o clima, o moral, a motivação, assumem, então, a máxima importância, enquanto elementos muito "condicionantes" para a estruturação de um sólido coletivo. Eles, fortemente interconectados, referem-se às dinâmicas interpessoais do grupo e às ligações afetivas.[28] Atestam, de modo particular, o quanto as relações entre os vários jogadores sejam determinantes para conseguir resultados lisonjeiros nos "confrontos" interculturais.

Obviamente, a pessoa colocada para monitorar e "controlar" as mencionadas variantes é precisamente o *líder,* superior ou superiora do contexto religioso. Cabe-lhe, por ser o orientador, "regulá-las" a fim de criar um habitat comunitário ideal e, depois, favorecer uma situação de equilíbrio. Depois de termos falado de sua importância, convém fazer uma abordagem mais específica

---

[28] São numerosos os estudos dedicados a essa temática. Entre os mais emblemáticos distinguem-se os de Homans. De fato, ele sustenta que, num sistema social, encontram-se três elementos particularmente interdependentes, além de intensamente interconexos: as *atividades,* como tarefas realizadas pelas pessoas; as *interações,* como comportamentos que se manifestam no desenvolvimento dessas mesmas tarefas; os *sentimentos,* ou seja, os estados de espírito que se "exprimem" no interior do grupo. À variação de um desses três elementos corresponderá uma mudança nos outros dois. Cf. HOMANS, G. C. *The Human Group.* New York, Harcourt Brace Javonovich, 1950.

seguindo a ordem de apresentação — precisamente para salientar as "relativas" e influentes peculiaridades.

O clima

Nenhuma dúvida se adensa sobre a fácil "previsão" de quanto seja "natural" unir o significado originário do termo clima ao *ambiente* da organização. É praticamente imediata a união do sentido meteorológico ao organizativo. Tanto é verdade que, como prova dessa união, o próprio Kurt Lewin[29] entende o clima como atmosfera. Mais precisamente, ele o define como aquela atmosfera que se respira no interior de um grupo, enquanto propriedade ligada à situação social em seu complexo.[30]

O clima é algo de intangível, mas as pessoas conseguem percebê-lo através dos olhares, das atitudes, das palavras e dos comportamentos daquelas com as quais interagem. Um clima sereno e positivo favorece a cooperação, o intercâmbio e o bom humor. Ao contrário, um clima tenso e negativo pode levar facilmente a conflitos, incompreensões, desencontros e mau humor. Ainda que vivendo a mesma situação, as pessoas podem reagir de modo completamente diferente: há algum obstáculo? Num clima positivo pode ser acolhido como desafio e ocasião de colocar-se à prova; num clima negativo pode suscitar nervosismo, agressividade ou até mesmo desconforto e frustração, caso se pense no obstáculo como algo de intransponível.[31]

Para dar uma interpretação menos sensorial e mais científica, é útil fazer referência ao encaminhamento da busca em clima organizativo. De maneira particular a um artigo de Forehand

---

[29] Kurt Lewin é um dos pais fundadores da *communication research,* como também autor da celebérrima "teoria de campo".

[30] Cf. LEWIN, K. *Field Theory in Social Science.* New York, Harper, 1952.

[31] NICO, P. *Una squadra con...,* op. cit., p. 38.

e Gilmer, no qual se afirma que "o clima organizativo se refere ao conjunto de características que descrevem uma organização e que a distinguem de outras organizações, são relativamente duradouras no tempo, influenciam o comportamento dos indivíduos da organização".[32] Entre as características mais importantes assinalam-se: a dimensão do grupo; as relações interpessoais; a direção das metas organizativas, "que classifica as organizações e condiciona o comportamento esperado pelos próprios membros";[33] o estilo de liderança.

Entre as causas criadoras do clima organizativo, a liderança é justamente a que tem o maior efeito. Esta "avaliação" é expressa particularmente por Gordon e Cummings,[34] os quais acreditam que nesse processo de "criação" algumas "constituintes" fazem sentir o próprio peso cultural, como a história da organização, o período da fundação, os líderes do passado, a natureza da organização; não, porém, do mesmo modo que a liderança. Eles descem ainda a maiores detalhes. Na verdade, argumentam essa "superioridade" em relação à função comunicativa realizada pelo líder. É a comunicação, enquanto "meio" principal através do qual exercer a liderança, que incide mais profundamente na construção do clima. Uma comunicação fecunda entre o líder e o acompanhante, nos termos "propostos" do motivar, influenciar e envolver,[35] contribui enormemente para forjar um clima "produtivo" e "solar".

---

[32] FOREHAND, G. & GILMER, G. "Environment variation in studies of organizational climate". In: *Psycological Bullettin* 62, 1964, p. 20.

[33] MALIZIA, P. *La costruzione sociale dell'organizzazione. Natura e struttura delle organizzazioni complesse.* Milano, Guerini, 1998. p. 132.

[34] Cf. GORDON, G. & CUMMINGS, W. *Managing management climate.* Lexington, Lexington Books, 1979.

[35] Cf. COMODO, V. *Comunicare il cambiamento, comunicare...*, op. cit.

O moral

"Manter elevado o moral" é uma das percepções à qual um treinador não pode deixar de reservar algumas atenções muito vivas. É, decididamente, um imperativo absoluto cuja não observância comprometeria seriamente a realização das funções de líder. Não é, portanto, uma prescrição banal, e sim uma das tarefas fundamentais a serem realizadas para unificar um time de sucesso. Não é, realmente, um simples slogan, mas muito mais: é a condição primária para se obter afirmações energéticas e estimulantes.

Não se encontram dificuldades em perceber o quanto essa necessidade esteja ligada ao mesmo conceito de clima. O moral altivo indica, sem dúvida, um ambiente que tende à concórdia e à harmonia. Contudo,

> ao contrário do clima, o moral é uma atitude individual que identifica o estado de espírito com que cada pessoa enfrenta as diversas situações, as tarefas que lhe foram confiadas e as interações com os outros.
>
> Esses estados de espírito são características internas que incidem, às vezes de modo determinante, nos comportamentos e, também, até mesmo no êxito final do que nos propusemos realizar. Tudo isso deriva do fato de as atividades que nos dispomos a desenvolver empregarem, além da nossa energia física, também uma parte mais ou menos consistente de energia psicológica.
>
> A componente emocional é particularmente relevante, de modo especial, nas relações interpessoais, a ponto de facilitar-nos ou complicar-nos a comunicação, a cooperação, a integração.[36]

Para fazer com que haja a tendência de um moral elevado, que se confirme sobre "impressões" nada tênues, o líder não pode deixar de fazer cotidianamente esse "controle": é um valor

---

[36] Nico, P. *Una squadra con...*, op. cit., p. 39.

que se deve manter sempre sob observação. Diagnosticando logo prováveis "diminuições" e fazendo as "intervenções" devidas, será possível readquirir um colorido regenerado. Nos casos de referência, é aconselhável a administração de doses que dêem nova vida às motivações.

A motivação

Motivar é um dos eixos ao redor do qual gira a experiência do líder. Mas também a do treinador. Considerando esse aspecto comum entre as duas funções de acompanhamento, deduz-se, sem encontrar excessivos obstáculos, o quanto sejam semelhantes, e, em virtude dessa similaridade, o quanto sejam igualmente seme- lhantes os conceitos de organização e de time, reconhecendo a "superioridade" do primeiro: um time é sempre uma organização, mas nem sempre a recíproca é verdadeira.

Por isso, não é impróprio reconhecer uma espécie de paren- tela conceitual também entre a liderança e o treinamento. Assim como não é arriscado propor, em razão de uma "declarada" continuidade semântica, uma ulterior analogia entre os porquês do motivar numa organização e num time.

Interpretando a realidade da vida consagrada quer como organização quer como time e cotejando a sua conformidade, deve-se reconhecer que, nos dois casos, os *motivos do motivar* (perdoem o trocadilho!) são os mesmos. De fato,

deve-se reconhecer, sem dúvida alguma, que a motivação é um fator determinante para agir na situação em que a Congregação ou o Instituto está inserido.

Considerando que as sociedades de hoje são 'investidas' por uma onda de valores a partir do consumo fácil e instantâneo, o ato de motivar — segundo a constatação da realidade *de facto* — assume um significado crucial para exaltar os princípios da própria missão, nada consumíveis, meteóricos e usuráveis. O ato de motivar é ditado pela exigência de irrigar o carisma de fundação e de revigorá-lo mediante a obra eclesialmente edificante conduzida pela organização. O ato de motivar surge da necessidade de alimentar e regenerar (eventualmente) os entusiasmos dos membros da Congregação, demonstrando a indubitável importância da sua intervenção no presente, para contribuir na realização do plano salvífico. O fato de motivar visa, então, estimular a cristandade dos religiosos e fazer com que ela seja traduzida ativamente em testemunhos de fé fortificadores e enérgicos.[37]

Por conseguinte, o líder/treinador, nos momentos de inflexão das motivações, não pode senão "recarregar" o time, re-propondo o princípio da unidade como condição indispensável para "lutar" nos "jogos" interculturais, como instrumento para honrar os compromissos religiosos.

O "valor" da partilha

A partilha é, sem dúvida, um dos pontos fortes de um time combativo. Pondo em comum os recursos de cada jogador, prepara-se um preciosíssimo tesouro de carismas. Colocar esse patrimônio de virtudes em comum é uma obrigação plenamente observável: é uma prerrogativa irrenunciável para uma organização, a fim de que possa viver no tempo da totalidade. Amalgamando as qualidades de cada componente, em nome do interesse coletivo, os desempenhos do time não podem ser marcados senão pela positividade e, portanto, não podem senão incrementar as possibilidades de afirmação. A propensão para colaborar, para fazer circular os conhecimentos, para comunicar informações, para oferecer experiências são, sem qualquer dúvida, princípios

---

[37] Cf. COMODO, V. *Comunicare il cambiamento, comunicare...*, op. cit., pp. 142-143.

para criar um entendimento fecundo e estabelecer as premissas da continuidade das atividades do time.

É fácil intuir o quanto seja decisivo fazer com que os talentos de cada indivíduo frutifiquem para a "economia" organizativa do time. Mas, sobretudo, o quanto seja delicado o papel do líder/treinador, regulado pelas normas da harmonização das qualidades conhecidas, mas dirigido também à descoberta das que são — em muitas circunstâncias! — desconhecidas. Para ter sucesso, quer na "administração" quer na ulterior busca das virtudes subjetivas, o líder pode receber ajuda principalmente de si mesmo. Na realidade, "o seu exemplo falará muito mais do que tantos belos discursos: se compartilhar por primeiro os seus conhecimentos e as suas habilidades, ele demonstrará, com os fatos, o modelo comportamental esperado".[38] A demonstração empírica atestada por ele será colocada, então, como referência da ação de toda a organização.

Já se revelou o segredo da organização de sucesso: a plena e completa participação de cada um de seus membros, a "dedicação" de todos os componentes.[39] É a prática sempre mais difundida, sobretudo no âmbito empresarial.

Relacionando essa constatação ao âmbito eclesiástico, considere-se que a semente da partilha já encontra um terreno preparado nas organizações da vida consagrada instituídas sobre o princípio da comunhão, expressas na fórmula da comunidade. Por isso, as Congregações e os Institutos religiosos, a partir deste ponto de vista, estão em vantagem em relação às organizações de outra natureza.

Esta vantagem "natural", de fundação, deve ser defendida. Antes, deve ser incrementada, quer através da obra exemplar

---

[38] Nico, P. *Una squadra con...*, op. cit., p. 49.
[39] Cf. Log, K. *Empowerment*. Milano, McGraw-Hills Italia, 1996.

do líder (particularmente!), quer valendo-se dos novos meios oferecidos pela tecnologia também para esse tipo de aplicações. Essas vias inovadoras permitem, realmente, exaltar o valor da partilha da realidade micro-territorial à dimensão macro-territorial. Estabelecendo interconexões de comunicação interna entre as tantas realidades comunitárias e a realidade "geral", a partilha dos recursos não só "atualizaria" a própria organização, mas produziria efeitos muito salutares em termos de união e de pertença.

Realçando as últimas perspectivas organizativas, a oportunidade da Internet merece uma consideração obrigatória. Para melhor dirigir um time comunitário o líder/treinador não pode deixar, então, de avaliar também as novas possibilidades de "preparação".

Sobre a instalação de um *software* de *sharing* cultural e experimental no Instituto

As recentes ocasiões relacionais projetadas *na* rede permitem instaurar uma comunicação interna ampliada a todo o Instituto, através da abertura de diálogo entre todas as comunidades da própria família religiosa, permitindo a cada membro interagir *on-line* com um ou mais membros "distantes", encontrar-se nessas praças digitais para o intercâmbio de modos de ver e de opiniões, confrontar-se sobre muitíssimos temas do cotidiano, enriquecer espiritualmente a experiência consagrada, receber impulsos reflexivos, amadurecer culturalmente na fé, *sentir* mais *extensivamente* e mais *intensivamente* a fraternidade religiosa. É possível *entrar* em "contato" com um componente da realidade religiosa da qual se faz parte, mas que está num outro continente, anulando virtualmente a distância e dando velocidade ao processo comunicativo.

A fraternidade, enquanto tal, pressupõe conhecimento. Os membros de uma família, enquanto tais, se conhecem.

É claro que o conceito de família laical diferencia-se daquele de família religiosa, por razões de número, de conduta existencial, de "regra" de vida, por motivos estruturais e organizativos e por tantos outros elementos. A familiaridade religiosa, contudo, pode ser "difundida" e, portanto, mais percebida justamente através do "conhecimento" *na* rede.

Nela, muitos irmãos ou irmãs "virtuais" podem perceber uma fraternidade "real" através do início de novas relações. Os espaços de encontro da rede, embora imateriais, são, portanto, lugares concretos *onde* colocar as virtudes prodigalizadas pelo Espírito a serviço de todos, para depois as re-propor, re-avaliar e re-apreciar também nas formas *tradicionais* da comunicação. É esse o sentido do *colocá-las em comunhão,* o que quer dizer que elas não devem ser tidas como os únicos "canais" nos quais captar a presença do Espírito, mas devem ser consideradas como vias "comunicantes" com as *inovadoras.*

As potencialidades dessa "coligação" relacional devem ser consideradas em função do fato de que, sobretudo hoje, "numa mesma comunidade podem conviver religiosos não só de diferentes idades, mas de diferentes raças, de diferente formação cultural e teológica, religiosos vindos de diversas experiências feitas nestes anos movimentados e pluralistas".[40]

A Internet representa, então, com seus espaços eletrônicos de socialização, uma ocasião excepcional *no* quê e *através* do quê tornar mais próximo o Instituto, unindo as muitas comunidades espalhadas pelo mundo, diminuindo as distâncias geográficas e "realçando" assim a presença de muitos outros irmãos e de

---

[40] CONGREGAÇÃO PARA OS INSTITUTOS DE VIDA CONSAGRADA E SOCIEDADES DE VIDA APOSTÓLICA. *A vida fraterna em comunidade*, n. 32.

muitas outras irmãs, cuja unidade se reduziria apenas à pertença à organização.

A Internet propõe-se, então, como uma área de *netmeeting* para onde cada religioso pode dirigir-se e colocar à disposição de todos as experiências vividas e as virtudes recebidas de Deus; onde as muitas diversidades culturais, étnicas, de geração, de costumes não são consideradas como fatores que diferenciam, mas como recursos coletivos; onde todo testemunho de fé e toda competência disciplinar devem ser classificados como patrimônio comum.

Delineia-se, portanto, na "versão informática", uma ocasião de "instalar" a idéia de um *software* de *sharing* cultural e experimental, ou seja — reduzindo a expressão a termos "familiares" e menos técnicos — que, para a comunidade entendida em sentido global, pode ser implantado na rede um "programa" (*software*) cultural para a "partilha" (*sharing*) de todas as experiências, um programa "construído" com a contribuição de todos.

Mas, quais os instrumentos utilizar? Quais "linhas" empregar? Entre os tantos disponíveis assinalam-se, pela maior simplicidade de uso e por uma consistente proximidade comunicativa, o *forum* e o *chat*. A "conexão" entre os membros da mesma comunidade é "criada" e "estabelecida" muito rapidamente através desses canais.

"Iniciando" o "programa" de diálogo e de escuta, o ideal de fraternidade seria menos *ideal* (perdoem a redundância!) e sempre mais real, apesar de ser atuado num território digital. E os efeitos igualmente reais, embora "derivados" de uma percepção virtual, não só tonificariam a união do Instituto, e fortificariam a consciência da fraternidade, mas afastariam, ainda, "o risco de conduzir existências justapostas e paralelas".[41]

---

[41] Ibid.

Comunidade religiosa e comunidade virtual

As formas de vivência no universo digital podem ser uma reprodução daquelas do mundo real, mas também uma expressão típica do intermidiático, tanto do ponto de vista da possibilidade de vida individual, quanto da possibilidade de fluidez coletiva.

Uma das principais experiências de grupo realizadas em rede, e mediadas pela *realidade* a ela pré-existente, é a da comunidade virtual. De fato, o pulular desse modelo relacional e o seu sucesso são facilmente documentáveis, além de estarem em contínua expansão.

A comunidade virtual *situa-se* numa área eletrônica. Encontram-se nela navegadores de todo o mundo, unidos por interesses comuns em vista de finalidades igualmente comuns. E, dada a conspícua validade sob o perfil sociocomunicativo, ela deve ser examinada na perspectiva da vida consagrada, a fim de realçar características particulares, cuja validade pode revelar-se prolífica em termos de fraternidade.

Todavia, para evitar que essa experiência virtual praticada por uma família religiosa coincida impropriamente com aquela "própria" de uma comunidade virtual, nitidamente de rede, é preciso logo fazer distinções.

A comunidade virtual clássica distingue-se pela *existência* exclusivamente digital, pela concordância de visões sobre temas específicos, pelas atenções unívocas dirigidas a um determinado assunto: fatores distintivos dos membros que, comunicando-se através de canais como os *chat line* e os *foruns*, legitimam, de modo prevalente, a sua pertença a ela.

Em relação à "aplicação" religiosa, porém, acentue-se um aspecto dominante: a comunidade de consagrados, entendida na acepção ampla do conceito, isto é, como organização, já é real antes de ser virtual. E, nessa versão, entenda-se a presença na *web* principalmente como oportunidade de conhecimento, tanto cultural como propriamente humano, através da qual criar interconexão com os próprios irmãos e com as próprias irmãs, como também "comunicar para crescerem juntos",[42] e, ainda, da qual compartilhar mais "difusamente" a opção inspirada por Cristo na plena consciência de que "a fraternidade deve alargar-se imediatamente à Igreja".[43]

Por conseguinte, uma comunidade de consagrados "de rede", isto é, circunscrita ao *espaço cibernético*, não teria, portanto, um verdadeiro sentido humano, não "existiria" pois ali não haveria um real confronto vital. Seria, então, mais correto falar de comunidade de consagrados "em rede", ou melhor, *também* "em rede", a ponto de demonstrar a ampliação dos horizontes missionários *também* na dimensão telemática, assinalando, dessa forma, um fértil território de comunicação interna no qual corroborar culturalmente o carisma e *senti-lo* na união do Instituto.

Para viver *a* e *na* cultura atual é preciso "aprender a confrontar-se de modo apropriado quer com realidades reais e vitais que se abrem à rede, quer com comunidades que nascem e vivem de modo virtual".[44] Não é menos importante esforçar-se para que sejam individuados, nestas últimas oportunidades, caminhos novos para a "afirmação" da Igreja universal e, na especificidade do tema tratado, novas ocasiões para a promoção do carisma de uma Congregação, *sentindo-se "cum Ecclesia"*.[45] "Se hoje, mais do que nunca, é necessário interrogar-se sobre o modo com que a Internet começa a mudar a maneira de perceber a

---

[42] Ibid. nn. 29-34.

[43] GIOVANNINI, L. "*Sfide* e *chances* dei consacrati nei mass media". In: *Religiosi in Italia 5*, 1001, pp. 247-160.

[44] Cf. *La Civiltà Cattolica*. Editorial de 21 de julho de 2001. pp. 107-113.

[45] Cf. JOÃO PAULO II. Exortação Apostólica Pós-sinodal *Vita consecrata*, n. 46.

relação humana, é, então, também necessário confrontar-se com as conseqüências que isso pode ter em nível de compreensão eclesiológica".[46]

Aplicações "internas"

Na eventualidade e na expectativa que as indicações dadas *no* "plano" digital da comunicação interna de *um* Instituto sejam sugestões úteis para orientar-se na cultura pós-moderna, serão apresentadas, neste parágrafo conclusivo, duas "propostas" aplicativas, como apoio prático à seção analítica. A primeira refere-se a uma hipótese subseqüente de desenvolvimento da dimensão comunicativa comentada acima, sempre no âmbito de *uma* comunidade religiosa. A segunda é relativa à tradução já "operativa" dos princípios da comunicação interna, mas não dirigida tão-somente a *uma* mas a *muitas* famílias de consagrados. Examinemo-las respectivamente.

Assinala-se, no primeiro caso, a sugestão explicitada pela Ir. Ângela Ann Zukowski. Nela são expostos detalhadamente novos caminhos de comunicação possíveis de serem percorridos por qualquer membro da própria comunidade, através dos quais se pode anular, embora eletronicamente, as distâncias físicas entre o "centro" e a "periferia" do Instituto, criando, assim, uma proximidade virtual e tornando a comunidade mais compacta.

Como membro do Conselho Diretivo das *Missions Helpers of the Sacred Heart* ela diz:

> Um dos nossos objetivos é reforçar reciprocamente a nossa 'visão comum' da vida de comunidade e dos nossos ministérios. O desafio

---

[46] Cf. *La Civiltà Cattolica...*, cit.

é como usar a Internet — o espaço virtual — para melhorar a qualidade da nossa vida de comunidade.[47]

Especificamente quanto à comunicação interna admite que

permitirá criar uma comunidade de participantes ativos na vida da comunidade, através de conexões como:

1. Contatos *on-line* permanentes com o Conselho Diretivo da comunidade.
2. Um *site* para a educação permanente *on-line* em vários níveis:
   a) Informações sobre seminários e possibilidades formativas nos EUA.
   b) Seminário síncrono e assíncrono e *sites* laboratoriais sobre os ministérios da evangelização e da catequese de nossas irmãs.
   c) Fórum de discussão para a reflexão teológica sobre determinadas leituras guiadas, cada mês, por uma ou mais irmãs.
3. Grupos de oração para dar apoio às nossas irmãs, às famílias, aos ministros e muitas outras atividades destinadas ao enriquecimento da *ciberconexão* das MHSH. Note-se bem que, em absoluto, isso tudo não quer substituir as nossas "comunidades físicas", mas apenas reunir as nossas irmãs para um diálogo comum que possa "reforçar a nossa vida de comunidade".[48]

No segundo caso, a título de exemplo, apresenta-se uma experiência já "ativada": a de *Vidimus Dominum*.[49] Trata-se, aqui, de um projeto *de,* ou melhor, *em* rede já realizado e definido por um modelo *aberto* de comunicação interna, isto é, caracte-

---

[47] ZUKOWSKI, A. A. *Un nuovo senso per l'evangelizzazione: l'era virtuale e il Vangelo.* Atti del convegno <www.chiesa in rete>. Assisi, mar. 2000. Endereço *web*: <http://www.chiesacattolica.it>.

[48] Ibid.

[49] O site é encontrado no endereço <http://www.vidimusdominum.org>.

rizado por uma participação de religiosos de muitos Institutos e Congregações, e não de um só. Ele "se dirige" ao universo "global" da vida consagrada, oferecendo serviços informativos e culturais — nos "locais" cibernéticos da *biblioteca,* dos *documentos,* do *jornal* —, mas sobretudo colocando-se como lugar de encontro e de comunicação — nas áreas telemáticas da *praça* e das *coligações.*

De modo particular, importa sublinhar a força de interação dos dois últimos espaços cibernéticos. A *praça* é, de fato,

> o lugar mais cheio do *site,* onde se canta, se conversa e se discute sobre assuntos de interesse comum, com a possibilidade de participar de sondagens interativas de opinião, enviar mensagens, encontrar os grupos VID do mundo.

"Entrando nas" *Coligações* encontram-se "todas as informações possíveis para pôr em contato os religiosos e as religiosas do mundo: *links, database* com todos os institutos, federações e confederações e uma agenda de eventos sobre a VC no mundo todo".[50]

Dada a possibilidade de relação "aberta" entre religiosos, também no *ciberespaço,* o *site* merece uma visita, da qual dispor-se a "receber" justos estímulos para iniciar essa experiência de comunicação e de crescimento *nesta ágora* multimidial e pluricarismática, inspirados pelo Espírito Santo. Merece, porém, ainda uma devida consideração para que o princípio de base da comunicação entre consagrados *na rede* possa ser "aplicado" *internamente* em cada Instituto, quem sabe tirando algo da contribuição da Ir. Zukowski para determinar o desenvolvimento da fraternidade, o crescimento espiritual e cultural indispensável para viver *o* e *no* momento contemporâneo.

---

[50] Para ulteriores aprofundamentos, além das características citadas, ver: GIOVANNINI, L. Internet e vita consacrata. Una "Rete" per comunicare e per "pescare". In: *Vita Consacrata* 3, 2000, pp. 296-311.

Bibliografia

AA.VV. *Manuale di organizzazione*. Milano, ISEDI, 1983.

_____. *Gaining control of the corporate culture*. San Francisco, Jossey Bass, 1985.

_____. *Chiesa in Rete. Internet: risorsa o pericolo?* Assisi, Cittadella, 2000.

ACQUAVIVA, S. S. *L'eclisse del sacro*. Milano, Comunità, 1971.

APOLLONI. *Tu, 13º apostolo. Modelli biblici per una spiritualità missionaria*. Leumann, Elle Di Ci, 1998.

ARNOLDO, W.; EYSENCH, H. J. & MELI, H. (orgs.). *Dizionario di Psicologia*. Roma, Paoline, 1982.

ATHERTON, T. *Delegation and coaching*. London, Kogan Page, 1999.

BASS, B. M. & AVORIO, B. J. *La leadership trasformazionale: come migliorare l'efficacia organizzativa*. Milano, Guerini, 1996.

BECCIU, M. & COLASANTI, A. R. *La leadership autorevole*. Roma, Nuova Italia Scientifica, 1997.

BENNIS, W. G. & NANUS, B. *Leader, anatomia della leadership effettiva*. Milano, Angeli, 1993.

BLANCHARD, K. & HERSEY, P. *Leadership situazionale*. Milano, Sperling & Kupfer, 1984.

BODEGA, D. *Organizzazione e cultura. Teoria e metodo della prospettiva culturale nell'organizzazione di azienda*. Milano, Guerini Studio, 1996.

_____. *Le forme della leadership*. Milano, ETAS, 2002.

BOFF, L. *Gesù Cristo liberatore*. Assisi, Cittadella, 1973. [Ed. bras.: *Jesus Cristo libertador*. Petrópolis, Vozes, 1972.]

BORGOGNI L. *Valutazione e motivazione delle risorse umane nelle organizzazioni*. Milano, Angeli, 2000.

BRINER, B. *Gesù come manager*. Milano, Mondadori, 2002.

BROCKMAN, N. "Burnout in superiors". In: *Review for Religious* 37, 1978, 6, pp. 809-816.

BRONDINO, G. & MARASCA, M. *La vita affettiva dei consacrati*. Fossano, Editrice Esperienze, 2002.

BROUNSTEIN, M. *Come gestire i dipendenti difficili. Una guida pratica per i capi*. Milano, Angeli, 1997.

BRYSON, L. (ed.). *The communication of ideas*. New York, Harper, 1948.

BUBER, M. *Mosè*. Casale Monferrato, Marietti, 1983.

BURREL, G. *Sociological paradigms and organizational analysis*. London, Heinemann, 1979.

CAMUFFO, A. *Management delle risorse umane*. Torino, Giappichelli, 1993.

CANNARY, D. J.; CUPACH, W. R. & MESSMAN, S. J. *Relationship conflict*. Thousand Oaks, SAGE, 1995.

CARINI, L. et al. "La sindrome del *Burnout* nel personale sanitario: alcune riflessioni in margine alla letteratura". In: *Igiene e sanità pubblica* 55, 1991, 1, pp. 32-41.

CASTELLI, S. *La mediazione*. Milano, Raffaello Cortina Editore, 1999.

CHERNISS, C. *La sindrome del burn-out*. Torino, Centro Scientifico Torinese, 1983.

CHÁVEZ VILLANUEVA, P. *Facciamo di ogni famiglia e di ogni comunità "la casa e la scuola della comunione"* (NMI, 4,3). Instituto das Filhas de Maria Auxiliadora, 2003.

CIAN, L. *La relazione d'aiuto*. Leumann, Elle Di Ci, 1994.

CIOTTI, F. & RONCAGLIA, G. *Il mondo digitale*. Bari, Laterza, 2000.

CLARKE, J. I. *Manuale del leader*. Milano, Gribaudi, 2001.

COLASSANTI, A. R. & MASTROMARINO, R. *Ascolto attivo*. Roma, Ifrep, 1994.

COMODO, V. "Cons@crati on-line". In: *Vita Consacrata* 3, 2002, pp. 305-318.

_____. "Cons@crati on-line. La comunicazione interna in digitale". In: *Vita Consacrata* 4, 2002, pp. 418-431.

_____. & POLI, G. F. *Cliccate e vi sarà aperto*. Cantalupa, Effatà, 2002.

CONGREGAÇÃO PARA OS INSTITUTOS DE VIDA CONSAGRADA E AS SOCIEDADES DE VIDA APOSTÓLICA. *A vida fraterna em comunidade*. São Paulo, Paulinas, 1994. Col. A voz do papa, n. 135.

_____. *Partir de Cristo. Um renovado compromisso da vida consagrada no terceiro milênio*. São Paulo, Paulinas, 2002. Col. Documentos da Igreja, n. 9.

CONLOW, R. *L'eccellenza nella supervisione. Le competenze essenziali per il capo di oggi*. Milano, Angeli, 2002.

CONTESSA, G. "L'operatore sociale cortocircuitato: la 'burning out syndrome' in Italia". In: *Animazione Sociale* 42-43, 1981-1982, pp. 29-41.

COOLEY, C. H. *L'organizzazione sociale*. Milano, Comunità, 1963.

COSPES. *Difficoltà e crisi nella vita consacrata*. Leumann, Elle Di Ci, 1996.

COSTACURTA, B. *Abramo*. Vibo Valentia, Qualecultura, 2001.

CREA, G. *Stress e burnout negli operatori pastorali*. Bologna, Editrice Missionaria Italiana, 1994.

_____. *I conflitti interpersonali nelle comunità e nei gruppi*. Bologna, Edizioni Dehoniane, 2001.

_____. "Altruismo vero e mascherato". In: *Testimoni* 5, 2003, pp. 7-9.

_____. "Benessere comunitario e comunicazione". In: *Testimoni* 4, 2003, pp. 10-13.

_____. et al. "La relazione tra alessitimia e tratti non patologici della personalità in studenti di scuola superiore". In: *Orientamenti Pedagogici* 49, 2002, 5, pp. 841-851.

CUSINATO, M. *Psicologia delle relazioni familiari*. Bologna, Il Mulino, 1988.

DALL'OSTO, A. "Cinque momenti importanti". In: *Testimoni* 5, 2003, pp. 10-12.

DAMASCHELLI, N. *Comunicazione e management*. Milano, Angeli, 1993.

DE MARTINO, E. *Sud e magia*. Milano, Feltrinelli, 1968.

DE NITTO, C. "Responsabilità comunitarie e narcisismo nel processo di globalizzazione". In: *Psicologia, Psicoterapia e Salute* 8, 2002, pp. 139-147.

DEL RIO, G. *Stress e lavoro nei servizi. Sintomi, cause e rimedi del burnout*. Roma, La Nuova Italia Scientifica, 1990.

DEUTSCH, M. "Conflicts: productive and destructive". In: *Journal of Social Issue* 25, 1969, 1, pp. 7-41.

DÍEZ, F. M. *Rifondare la vita religiosa. Vita carismatica e missione "profètica"*. Milano, Paoline, 2001.

DI PIERO, M. & RAMPAZZO, L. *Lo stress dell'insegnante*. Trento, Erikson, 2000.

DI RACO A. *L'impresa simbolica. Attori e riti della comunicazione*. Milano, Sperlig & Kupfer, 1997.

_____ & SANTORO G. M. *Il manuale della comunicazione interna*. Milano, Guerini & Associati, 1996.

DOMANIN, I. & PORRO, S. *Il Web sia con voi*. Milano, Mondadori, 2001.

ECO, U. *Apocalittici e integrati*. Milano, Bompiani, 1964.

EDELMAN, R. J. *Conflitti interpersonali nel lavoro*. Trento, Erikson, 1996.

EDELWICH, J. & BRODSKY, A. *Burn out. Stages of disillusionment in the helping professions*. New York, Human Sciences Press, 1980.

EILERS, F.-J. *Comunicare nella comunità*. Leumann, Elle Di Ci, 1997.

ERIKSON, E. *Gioventù e crisi d'identità*. Roma, Armando, 1992.

ETZIONI, A. *Sociologia dell'organizzazione*. Bologna, Il Mulino, 1967.

FERRAROTTI, F. *Trattato di sociologia*. Torino, UTET, 1983.

_____. *Manuale di sociologia*. Bari, Biblioteca Universale Laterza, 1988.

FIELDER, F. E. *A theory of leadership effectiveness*. New York, McGraw Hill, 1967.

FORGAS, J. *Comportamento interpersonale. La psicologia dell'interazione sociale*. Roma Armando Editore, 1989.

FRANCESCATO, D. *Stare meglio insieme*. Milano, Mondadori, 1995.

FRANTA, H. & SALONIA, G. *Comunicazione interpersonale*. Roma, LAS, 1986.

_____. *Atteggiamenti dell'educatore*. Roma, LAS, 1988.

_____. *Relazioni sociali nella scuola. Promozione di un clima umano positivo*. Torino, SEI, 1985.

GADAMER, H-G. *Verità e metodo*. Milano, Fabbri, 1983.

GALIMBERTI, U. *Dizionario di Psicologia*. Torino, UTET, 1992.

GERGEN, K. J. & GERGEN, M. M. *Psicologia sociale*. Bologna, Il Mulino, 1990.

GILLINI, G. & ZATTONI M. *Ben-essere per la missione. Proposte di lavoro per l'autoinformazione dei gruppi di presbiteri, di consacrate e di consacrati*. Brescia, Queriniana, 2003.

GINSBERG, S. G. "The problem of burnout executive". In: *Personal journal* 53, 1974, pp. 598-600.

GIORDANI, B. *La relazione di aiuto*. Roma, La Scuola Editrice, 1978.

_____. *La donna nella vita religiosa*. Milano. Àncora, 1993.

GOLEMAN, D.; KUFMAN, P. & MICHAEL, R. *Lo spirito creativo*. Milano, RCS, 1999.

GOLEMAN, D.; BOYATZIS, E. & MCKEE, A. *Essere leader*. Milano, Rizzoli, 2002.

GONZÁLEZ SILVA, S. *Guidare la comunità religiosa*. Milano, Àncora, 2002.

_____. (ed.). *Star bene nella comunità*. Milano, Àncora, 2002.

GORDON, G. & CUMMINGS, W. *Managing management climate*. Lexington, Lexington Books, 1979.

GORDON, T. *PET: Parent Effectiveness Training*. New York, Wyden, 1974.

_____. *Leader efficaci*. Molfetta, Edizioni Meridiana, 1999.

GRANDORI, A. *Teorie dell'organizzazione*. Milano, Giuffrè, 1984.

GRÜN, A. & SARTORIUS, G. *A onore del cielo come segno per la terra, la maturità umana nella vita religiosa*. Brescia, Queriniana, 1999.

GUSDORF, G. *Filosofia del linguaggio*. Roma, Città Nuova, 1970.

HABERMAS, J. *Il discorso filosofico della modernità*. Bari, Laterza, 1987.

HOLLANDER, E. P. & JULIAN, J. W. "Studies in leader legitimacy, influence, and innovation". In: BERKOVITZ (ed.). *Advances in experimental social psychology*. New York, Academic Press, 1970. v. 5.

HOMANS, G. C. *The Human Group*. New York, Harcourt Brace Javonovich, 1950.

HOUGH, M. *Abilità di counseling*. Trento, Erikson, 1999.

INTONTI, P. *L'arte dell'individual coaching*. Milano, Angeli, 2000.

JACOBSON, L. F. & ROSENTHAL, R. *Pigmalione in classe*. Milano, Angeli, 1992.

JACOBSON, R. *Saggi di linguistica generale*. Milano, Feltrinelli, 1966.

JANIS, I. L. & MANN, L. *Decision making. A psychological analysis of conflict, choice, and commitment*. New York, The Free Press, 1977.

KAZMIERSKI, C. R. *Giovanni il Battista profeta ed evangelista*. Cinisello Balsamo, San Paolo, 1999.

KILIAN, R. *Il sacrificio di Isacco*. Brescia, Paidea, 1976.

KOTLER, P. & SCOTT, W. G. *Marketing management*. Torino, ISEDI, 1993.

KOTTER, J. P. *The Leadership Factor*. New York, Free Press, 1988.

_____. *Il fattore leadership*. Milano, Sperling & Kupfer, 1989.

_____. *I leader chi sono: come lavorano gli uomini che sanno cambiare le aziende*. Milano, Il Sole 24 Ore, 1999.

LEWIN, K.; LIPPITT, R. & WHITE, R. "Patterns of aggressive behavior in experimentally created *social climates*". In: *Journal of Social Psychology* 10, 1939, pp. 271-299.

LICHERI, L. *Obbedienza, autorità e volontà di Dio. Dalla sottomissione alla responsabilità creativa*. Milano, Paoline, 1999.

LIOTTI, G. *La dimensione interpersonale della coscienza.* Roma, Carocci, 1998.

LONG, K. *Empowerment.* Milano, McGraw Hill Italia, 1996.

LOOSS, W. *Coaching per manager.* Milano, Angeli, 1991.

MALIZIA, P. *La costruzione sociale dell'organizzazione. Natura e struttura delle organizzazioni complesse.* Milano, Guerini & Associati, 1998.

MANENTI, A. *Vivere insieme.* Bologna, Edizioni Dehoniane, 1991.

MARTELLO, M. *Oltre in conflitto. Dalla mediazione alla relazione costruttiva.* Milano, McGraw Hill Itália, 2003.

MARTINI, C. M. *Abramo nostro padre della fede.* Roma, Borla, 2000.

MASLACH, C. *La sindrome del Burnout, "Il prezzo dell'aiuto agli altri".* Assisi, Cittadella Editrice, 1992.

McGILL, M. E. & SLOCUM, J. W. *The Smarter Organization.* New York, John Wiley, 1994.

MEAD, G. H. *Mind, self and society.* Chicago, The University of Chicago Press, 1966.

MELUCCI, A. (org.). *Fine della modernità?* Milano, Guerini & Associati, 1998.

MEHRABIAN, A. *Non verbal communication.* Chicago, Aldine, 1972.

MESTERS, C. *Abramo e Sara.* Assisi, Cittadella, 1984. [Ed. bras.: *Abrão e Sara.* Petrópolis, Vozes, 1980.]

MONGARDINI, C. & MANISCALCO, M. (orgs.). *Moderno e postmoderno.* Roma, Bulzoni, 1989.

MUCCHIELLI, R. *Communication et réseaux de communication.* Paris, Librairies Techniques, 1971.

_____. *La dinamica di gruppo.* Leumann, Elle Di Ci, 1980.

_____. *Come condurre le riunioni.* Leumann, Elle Di Ci, 1986.

_____. *Apprendere il counseling.* Trento, Erikson, 1987.

MYERS, E. & MYERS, M. T. *Les bases de la communication humaine.* Montrèal, Chenelière, 1990.

NICO, P. *Convincimi! Pratiche di leadership per il miglioramento delle relazioni interpersonali.* Milano, Angeli, 2002.

_____. *Una squadra con la voglia di vincere.* Milano, Angeli, 2002.

NOUWEN, H. J. M. *Nel nome di Gesù. Riflessioni sulla leadership cristiana.* Brescia, Queriniana, 1990.

PACOT, S. *Torna alla vita! L'evangelizzazione del profondo.* Brescia, Queriniana, 2003.

PANIMOLLE, S. (ed.). *La fede nella Bibbia.* Roma, Borla, 1998.

PEARLS, F. *L'approccio della Gestalt.* Roma, Astrolabio, 1977.

PERRONE, V. *Le strutture organizzative d'impresa.* Milano, EGEA, 1990.

PINKUS, L. *Autorealizzazione e disadattamento nella vita religiosa.* Roma, Borla, 1991.

PORKAS, S. *Come affrontare e risolvere i vostri problemi. Metodi razionali per l'analisi sistematica dei problemi e l'assunzione di decisioni.* Milano, Angeli, 2001.

POLI, G. F. *Osare la svolta. Collaborazione tra religiosi e laici al servizio del Regno.* Milano, Àncora, 2000.

POLI, G. F. & COMODO, V. *Percorsi di teologia.* Milano, Àncora, 2001

POLI, G. F.; CREA G. & COMODO, V. *La sfida dell'organizzazione nelle comunità religiose.* Roma, Rogate, 2003.

———. *Stili di leadership e vita consacrata.* Roma, Rogate, 2003.

———. *Leadership e comunicazione nella vita consacrata.* Roma, Rogate, 2003.

POPPI, A. *L'inizio del Vangelo. Predicazione del Battista, battesimo e tentazione di Gesù.* Padova, Messaggero, 1976.

PRONZATO, A. *Tu hai solo parole... Incontri con Gesù nei vangeli.* Milano, Gribaudi, 1993.

QUAGLINO, G. P. (ed.). *Leadership. Nuovi profili di leader per nuovi scenari organizzativi.* Milano, Raffaello Cortina, 1999.

QUINTAVALLE, G. *La comunicazione intrapsichica.* Milano, Feltrinelli, 1978.

RAGAZZINI, G. *Dizionario Inglese/Italiano. Italiano/Inglese.* Bologna, Zanichelli, 2003.

RULLA, L. *Psicologia del profondo e vocazione. Le Istituzioni.* Torino, Marietti, 1976.

SANTORO, G. M. *La farfalla e l'uragano.* Milano, Guerini & Associati, 1993.

SCHEIN EDGAR, H. *Organizational Culture and Leadership.* San Francisco, Jossey-Bass, 1985.

SCHIETROMA, S. & MASTROMARINO, R. "Teorie e ricerche sulla leadership". In: *Psicologia, Psicoterapia e Salute* 7, 2001, pp. 367-399.

SCILLIGO, P. *Dinamica di gruppo.* Torino, SEI, 1973.

———. *Gruppi di incontro.* Roma, Ifrep, 1992.

SEGRE, A. *Mosè, nostro maestro, Esperienze*. Fossano, 1975.

SHANNON, C. E. & WEAVER, W. *The Mathematical Theory of Communication*. Urbana-Champaign, University of Illinois Press, 1949.

SICARI, A. *Chiamati per nome. La vocazione nella Scrittura*. Milano, Jaca Book, 1979.

SMELSER, N. *Manuale di sociologia*. Bologna, Il Mulino, 1987.

SPREY, J. "On the management of conflicts in families". In: *Journal of Marriage and the Family* 33, 1971, pp. 722-732.

STATERA, G. *Metodologia e tecniche della ricerca sociale*. Palermo, Palumbo, 1989.

STRONG, J. R. "A marital conflict resolutions model: redefining conflict to achieve intimacy". In: *Journal of Marriage and Family Counseling* 1, 1975, pp. 269-276.

TACCONI, G. *Alla ricerca di nuove identità*. Leumann, Elle Di Ci, 2001.

TENTORI, T. (ed.). *Antropologia delle società complesse*. Roma, Armando Editore, 1990.

TETTAMANZI, D. *Giovanni il Battista. L'uomo dell'annuncio, della conversione e della testimonianza*. Casale Monferrato, Portalupi, 2000.

THOMPSON, J. D. *Organizations in Action*. New York, McGraw Hill, 1967.

TICHY, N. M. & DEVANNA, M. A. *Il leader trasformazionale*. Padova, CEDAM, 1989.

TILLARD, J. *Religiosos, un camino de evangelio*. Madrid, ITVR, 1975.

TRENTINI, G. *Oltre il potere. Discorso sulla leadership*. Milano, Angeli, 1997.

VALLES, C. G. *La Comunità croce e delizia*. Roma, Edizioni Paoline, 1995.

VANZAN, P. & VOLPI, F. (eds.). *Il Giubileo e la Vita Consacrata. Provocazioni e Risposte*. Roma, Il Calamo, 2001.

_____. (orgs.). *Oltre la porta. I Consacrati e le emergenze del nuovo millennio*. Roma, Il Calamo, 2002.

VOGELS, W. *Mosè dai molteplici volti*. Roma, Borla, 1999.

WARNER, C. T. & OLSON, T. D. "Another view of family conflict and family wholeness". In: *Family Relations* 30, 1981, pp. 493-503.

WATZLAWICK, P.; BEAVIN, H. J. & JADKSON, D. D. *Pragmatica della comunicazione,* Roma, Astrolabio, 1971.

WEATON, B. "Interpersonal conflict: an integrative review". In: *Psychological Bulletin* 73, 1971, pp. 41-54.

ZANI, B.; SELLERI, P. & DOLORES, D. *La comunicazione.* Roma, NIS, 1994.

ZINGALES, S. *Nicodemo. Rinascere dallo spirito.* Roma, Rogate, 2001.

Impresso na gráfica da
Pia Sociedade Filhas de São Paulo
Via Raposo Tavares, km 19,145
05577-300 - São Paulo, SP - Brasil - 2008